Crónicas de una mujer

Cruz Patiño

LACUFE
Ediciones

LACUHE Ediciones

Lacuheediciones@gmail.com

Impreso en los Estados Unidos de América

Diagramación y diseño por Yorman Mejías

Portada por Yorman Mejías

A cada uno de mis hijos,
ya que por ellos decidí contar mi historia.

Agradecimientos

Mi agradecimiento a Dios, antes que nada.

Al Puerto Rican Family Institut Inc.

A todos los trabajadores sociales y psicólogos que siempre estuvieron dispuestos y pendientes de mí.

También quiero agradecer a LACUHE, especialmente a Yorman Mejías, por el excelente trabajo y apoyo para la publicación de este libro.

Crónicas de una mujer abusada
Cruz Patiño

Un testimonio real

Capítulo I

«A veces tienes que olvidar lo que sientes y recordar lo que mereces», **Frida Kahlo.**

Quiero aprovechar la oportunidad para relatar mi historia. Una historia que se repite en toda Latinoamérica y en el mundo. Nuestro mayor enemigo es el silencio, por eso hago este relato, ya que tal vez pueda ayudar a otras mujeres, pero también lo hago como una autoterapia, enmudecí durante mucho tiempo y ya no puedo más.

Comencemos desde mi niñez. Yo soy del Ecuador, de un lugar llamado Sinincay, Cuenca. Cuando tenía unos seis o siete años de edad, vivía con mi mamá y mi papá en una casita de adobe. También estaban dos hermanos y dos hermanas, yo era la más pequeña de todos. Tenía dos hermanos más, que ya estaban casados. Trabajábamos haciendo ladrillos, éramos muy pobres; pero como familia éramos muy unidos. Muchas veces no teníamos qué comer y pasábamos hambre. Sufrimos muchas necesidades. En una ocasión se acabó la tierra que utilizábamos para trabajar y mis padres decidieron viajar al oriente del Ecuador, según porque allá nos iba a ir mejor a todos. Con mucho trabajo mis padres lograron comprar un terreno y viajamos hacia Sucúa.

Sucúa es un lugar precioso, lleno de árboles frutales y ganado. Mi madre tenía que viajar muchas veces de un lugar a otro, ya que algunos se quedaron en Cuenca. Como yo era la más pequeña siempre acompañaba a mi mamá. Ella acostumbraba a llevarme entre sus piernas, yo era muy feliz, me agradaba mucho que ya no nos faltaba el alimento. Comíamos de todo: naranjas, papayas y otras suculentas frutas.

Como teníamos algunas vacas, las ordeñábamos y todos los días podía tomar leche fresquita. Hacíamos quesos y salía a venderlos con mi hermana a unos treinta minutos de donde vivíamos. Con lo que lográbamos vender comprábamos algunas cosas que nos hacían falta en la casa. Todo era maravilloso a pesar de ser pobres y humildes.

En una ocasión caminando por el campo con mi hermano, vimos entre unos matorrales una mata de papayas, no pudimos resistir la tentación de comer esa deliciosa fruta y corrimos hacia ella; sin embargo una serpiente mordió la pierna de mi hermano, yo grité aterrorizada al verlo quejarse del dolor. Creía que él moriría. Como podía gritaba por ayuda.

Llegó un joven primero, seguido por una de mis hermanas, después llegó mi mamá y lo llevaron para el hospital de Sucúa. Yo no dejaba de llorar, pero mi madre me consolaba, me abrazaba y me decía: «No pasa nada, tu hermano se va a curar».

Fueron tres días de angustia para mí. A mi hermano lo dieron de alta y regresó con nosotros a la casa. Mis padres decidieron regresar a Cuenca, pero mi hermana Rocío había decidido quedarse con su bebé en Sucúa. Nosotros queríamos que mi hermano se recuperara rápido. Mi papá se había acostumbrado a vivir en Cuenca. En ocasiones íbamos de Sucúa a Cuenca tan sólo para hacerle unas curaciones a mi hermano. Casi todos regresamos a Cuenca, menos Flor, que había conseguido un trabajo en un pequeño restaurante, también en Sucúa. Ella se escondió de nosotros para no regresar a Cuenca. Se había enamorado de un muchacho llamado Sergio y había decidido vivir con él.

Nosotros tuvimos que volver a trabajar en lo mismo de antes. Mis padres tuvieron que comprar tierra a los vecinos para obtener la materia prima y nuevamente hacer los ladrillos. Teníamos que trabajar muy duro y madrugar muy temprano, en ocasiones teníamos que trabajar hasta muy tarde. ¡Era demasiado duro! Al mediodía, sólo tomábamos unos veinte minutos para descansar.

Desde muy niña tuve que aprender a trabajar, no estudié. Mis padres no tenían dinero, sólo asistí a la escuela hasta el segundo grado y una semana del tercero, lamentablemente eso era normal para nosotros. No había otro modo de vivir, más que trabajar y trabajar.

Mi niñez se desvaneció entre sudor, cansancio, sonrisas y lágrimas en mi lugar de trabajo, mientras hacíamos ladrillos.

Capítulo II

«No te rindas, por favor no cedas. Aunque el frío queme, aunque el miedo muerda, aunque el sol se esconda y se calle el viento, aún hay fuego en tu alma, aún hay vida en tus sueños», **Mario Benedetti.**

Mi papá tenía la costumbre de beber aguardiente, el alcohol destilado de la caña de azúcar. Él tomaba con frecuencia, pero de un momento a otro comenzó a emborracharse más seguido y no entendíamos la razón.

Mi madre, mis hermanos y yo trabajábamos muy duro. Mi familia comenzó a cambiar. Mi papá no era el mismo, empezó a golpear y agredir verbalmente a mi madre. ¡Cómo extrañaba al padre cariñoso que me consentía y me aconsejaba! Cuando él tomaba era muy diferente, a mí me daba miedo. En muchas ocasiones tenía que esconderme debajo de la mesa para escapar de la horrenda escena que veía. Mi hermana Rocío regresó, quedó como madre soltera y comenzó a vivir con nosotros. A mis hermanos, Rafael y Antonio, les tocó trabajar mucho más para poder ayudarla. Mi padre se llevaba bien con ella, en cambio, yo siempre fui muy apegada a mi madre .

Pasó casi un año y mi hermana Flor se mudó a Paute, un lugar cerca de Cuenca. Nosotros la buscamos por mucho tiempo y después de tanto preguntar y preguntar nos dieron razón de ella. Cuando le encontramos ella no quiso regresar a Sinincay, sino que eligió Paute, ya que Sergio, su esposo, era de ese lugar. Allá estuvieron como ocho meses y luego se fueron a vivir con nosotros. Estaban esperando su primer bebé.

Todos vivíamos y trabajábamos en Sinincay. Sergio empezó a trabajar con nosotros. En la casa empezaron los problemas por mis hermanas, Rocío y Flor. Ellas no se llevaban bien, Rocío iba con mi padre y hablaba mal de Flor. Rocío era intrigosa y quería todas las atenciones para ella. Buscaba la manera de ganar cualquier situación, sin importarle a quien lastimara.

Flor y Sergio se casaron antes de que naciera el bebé e hicieron una casita muy cerca, donde se mudaron para evitar discusiones con Rocío. En la casa la situación no cambió, Rocío no se llevaba bien con ninguno de mis hermanos y nos metía a todos en problemas.

El bebé de ella era el consentido de mi papá y entonces inventaba que no le dábamos comida, azúcar o cualquier otra cosa; pero siempre nos acusaba para causar inconvenientes con mi papá. Mi hermano Rafael, viendo las necesidades que teníamos y que pasábamos, consiguió un dinero prestado y con duro trabajo logró comprar un camión Ford 600. Lo recuerdo bien, porque para mí era mucho, comparado con lo que habíamos pasado. El camión nos iba ayudar en el trabajo. Los ladrillos que hacíamos podríamos venderlos en lugares distantes. Gracias al camión podíamos salir a la Costa y comprar plátanos verdes para vender. Llevábamos de Cuenca verduras y unos que otros cultivos, ya de regreso comprábamos los plátanos y alguna otra cosa para revender en Cuenca.

Nuestra familia era muy querida y unos vecinos de una finca cercana, de apellido Corrales, nos dieron la oportunidad de trabajar en su hacienda. Hacíamos ladrillos y trabajábamos vendiendo barro en Cuenca a personas que hacían platos, tazas y cerámicas. En una ocasión mi papá salió a buscar leña para quemar más ladrillos en el horno. Yo estaba con mi tía y mis hermanos estaban con mi mamá en la fábrica. Mi tía y yo vimos de lejos a mi papá, iba de regreso a la casa, de ahí yo no lo volví a ver. Mi madre y hermanos lo vieron entrar a la casa y salió cambiado de ropa, pero no le dieron gran importancia.

Ese día cambió mi vida por completo. Los sobrinos de mi papá llegaron a la fábrica donde mi mamá y mis hermanos estaban trabajando, como tres horas después de que mi mamá había visto a mi padre salir. Estaban tristes y preocupados, fueron a avisarnos que habían encontrado a mi padre muerto en el camino. Mi madre y hermanos salieron presurosos para ver qué había pasado. Roció llegó donde estábamos mi tía y yo, nos trajo la noticia de que mi padre había fallecido.

Yo estaba muy triste, sentí un dolor inmenso, aun así salimos para avisarle a mis hermanas. Quería ir a ver a mi papa, para mí era difícil creer que ya había muerto, sólo unas horas antes lo había visto bien. Flor no quiso ir y me pidió que me quedara para que le ayudara a limpiar la casa, para así disponer de un lugar para velar el cuerpo de mi padre. Entonces llegó mi tía Martha y mi hermana Rocío. Eran como las seis de la tarde cuando trajeron al cuerpo de mi papá y lo pusieron en una estera (un tejido de hojas de palma) en el piso. Por mi mente pasaron los momentos con él. Recordé los buenos consejos que siempre me decía «que me portara bien, que me cuidara mucho y que jamás me enamorara de un hombre casado, que no destruyera ningún matrimonio». Esas fueron las últimas palabras que yo recordaba. Al segundo día se lo llevaron con el doctor forense para hacer la autopsia, no sabía qué era eso. Hubiera preferido no saberlo. No me hacía la idea de estar sin mi padre, lo prefería borracho, pero vivo. Ya nada podía hacer, fue un momento terrible que me colmó de una gran impotencia

El doctor nos dijo los resultados y lo increíble fue que mi padre no murió por el alcohol, fue por una enfermedad llamada cisticercosis. La cisticercosis es un parásito del cerdo que produce quistes en diferentes zonas del cuerpo. Habían encontrado ese animal parecido a una lombriz en el cerebro de mi padre. Su cerebro estuvo más de dos horas sin sangre.

El doctor nos explicó que el alcohol calmaba los dolores terribles que causaba esa enfermedad, nos dijeron que en ese momento no había cura, que había sido mejor que nosotros no supiéramos de su mal, porque era muy doloroso para él y para nosotros.

Al tercer día le dimos cristiana sepultura y el adiós a mi padre. Todos estábamos tristes. Yo sufría mucho y lo extrañaba demasiado. Durante su sepelio, exactamente cuando iban bajando su ataúd a su última morada, sentí deseos de lanzarme y ser enterrada con él.

Nuestras vidas cambiaron de sobremanera, ninguno de nosotros fue el mismo. Mi hermano Rafael, que ya tenía planes de su boda y hecho los preparativos, al mes de haber muerto mi padre mi hermano se casó.

Yo me despertaba por las noches recordando a mi papá, y triste preguntaba a mi madre por él. Ella me decía que él se había ido al Cielo, que desde allá me cuidaría siempre, que Diosito se lo llevó para que estuviera con él. Me lo imaginaba feliz para mantenerme tranquila, pero la verdad lo extrañaba mucho, aún lo hago. Muy adentro de mí hay una parte de mi padre que nunca me abandona, que me sigue y me acompañará hasta que yo ya no esté.

Capítulo III

«Ante las atrocidades tenemos que tomar partido. La posición neutral ayuda siempre al opresor nunca a la víctima», **Elie Wiesel.**

Días después, un hermano del dueño de donde trabajábamos comenzó a hacer su hacienda y nos ofreció trabajo también. Don Alberto, como le llamaban, asimismo a mí me dio trabajo, a pesar de tener tan sólo diez añitos. Mi trabajo consistía en sembrar plantas: rosas, manzanos, eucaliptos, cipreses, entre otros.

Para mí sembrar aquellos árboles era divertido. Yo no había jugado con otros niños, pero me divertía al tener que lanzar al suelo la barreta, hacer los huecos y tapar con la tierra los pequeños arbolitos. Me gustaba soñar con que los arbolitos algún día crecerían grandísimos y yo los vería crecer, crecer y crecer.

Algunos días seguíamos haciendo ladrillos, pero cuando llovía, no podíamos trabajar. Era casi imposible hacer ladrillos en esas condiciones.

Al año de haber muerto mi padre, se casó mi hermana Rocío. Mi madre y mis hermanos le hicieron otra casa para que ella viviera con su hijo y su esposo. Luego, mi hermano Rafael se fue a vivir con sus suegros. Sólo quedamos mi madre, mi hermano Miguel y yo.

Me gustaba estar en la hacienda, porque doña María, la esposa del doctor, nos daba de comer y los sábados nos daba un dinerito extra. Eso se lo daba a mi mama para que comprara alimentos. No importaba lo fuerte del trabajo, lo que más me abrumaba era que mi familia se desintegraba. Extrañaba los días en que estábamos todos juntos.

Mi hermana Clara, es una de las mayores. Ella tuvo su segundo bebé por esos días. En esa zona de Ecuador se acostumbraba cuidar los primeros cuarenta días a la madre del recién nacido. Miguel, el marido de mi hermana, fue a la casa y le pidió de favor a mi madre que yo cuidara de ella. Es decir, que cuidara al bebé, a su esposa y de paso al otro niño. ¡Ah, también debía lavar la ropa! Apenas tenía diez años, pero tenía obligaciones de adulto.

Ellos vivían en una casa pequeña de adobe, un poco enterrada, como un sótano. Había ido con la buena intención de ayudar a mi hermana, lejos de saber lo que me esperaba.

Recuerdo que estaba cocinando un caldo de pollo y preparando un poco de chocolate para mi hermana. En eso, entró ese hombre y me asustó. Lo vi entrar y cerrar la puerta, se fue sobre mí y violentamente me jaloneaba. No dejaba de besarme por todos lados. Sentí sus asquerosas manos por todo mi pequeño cuerpo. Por más que luché, ese hombre me violó. Miguel abusó de mí a pesar de ser el marido de mi hermana. Él me ultrajó y yo apenas tenía diez años. ¡Era una niña!

Al terminar su despreciable acto y aprovechándose de su fuerza, me amenazó: «No digas nada a nadie, pues a ti no te van a creer, será tu palabra contra la mía. Además, si alguien se entera tú vas a ser responsable de lo que le pase a tu hermana». Sus palabras retumbaban en mi oído, «nadie te va a creer, nadie te va a creer». Me sentí muy sucia, aún bastante mal salí corriendo hasta la casa de mi madre.

Lo único que hice antes de llegar a la casa, fue recoger un poco de agua para lavarme toda la sangre, que aún se escurría entre mis piernas. Quería limpiarme, que no quedara nada de aquel terrible momento, pero era imposible, incluso después de haberme lavado sentía lo tibio de la sangre que resbalaba por mis pequeñas piernas. Terminé de limpiarme y llegué a la casa. No me atreví a contarle a mi madre.

Al otro día, Miguel, aquel repugnante hombre, regresó como si nada y tuvo el descaro de pedirle a mi madre que me mandara a su casa a cuidar a su mujer de nuevo.

Yo no quería, pero mi voz no contaba, mi madre a regañadientes me obligó. Ese día, ese asqueroso hombre volvió a violarme. Él regresó del trabajo más temprano que de costumbre y me encerró nuevamente, pero esta vez mi madre fue a buscarme, al oír su voz me alegré, pero él volvió a amenazarme.

Me sentía terrible y con mucho miedo. «¿Cómo era posible que mi hermana viviera con ese monstruo? ¿Por qué me tenía que pasar esto a mí?», me preguntaba una y otra vez sin obtener respuesta alguna.

Al tercer día, ese cerdo fue nuevamente a la casa, según él para seguir cuidando a su mujer. Yo ya no quise ir. Mi madre se molestó mucho conmigo y me castigó con golpes, quería mandarme a la fuerza. Yo estaba llena de miedo y de angustia, no sabía qué hacer, así que le conté a mi madre lo que me había pasado. Tuve que contarle cómo ese monstruo me violó, y tal como él vaticinó, ella no me creyó. En ese momento yo la necesitaba y extrañaba más que nunca a mi padre, ¡cómo lo extrañaba!

Decepcionada, yo salí corriendo con rumbo desconocido, no paraba de llorar, terminé sentada junto a un árbol, me dolía mucho que mi madre no me creyera. Comencé a cuestionar su amor hacia mí. Tenía muchas dudas. La verdad, me quería morir.

Una tía que regresaba con su ganado me vio llorando desconsolada y muy preocupada se acercó y me preguntó qué me pasaba. Entre sollozos y rabia le conté lo sucedido, ya no aguantaba tanto dolor. Quería que alguien lo supiera. Después de dejar su ganado, se fue a hablar con mi madre y le reclamó por lo sucedido. «¿Cómo es posible que le creas más a ese hombre que a tu propia hija?», discutieron mucho y lo único que obtuvo mi tía fue que mi madre le dijera: «Eso no es tu problema. ¡Eres una metiche! Al fin y al cabo esas son nuestras vidas, no tuyas». En ese momento comenzó a crecer en mí un resentimiento hacia mi madre. Entonces traté de trabajar por todos lados, quería alejarme de mi mamá, trataba de distanciarme lo más posible de la casa. Me decepcionó que mi madre no me creyera.

Cuando había trabajo lejos yo me iba. Trabajaba duro con mis hermanos haciendo ladrillos. Los días sábados me iba a la hacienda de don Alberto. Me esforzaba, pues sólo trabajando se me olvidaba lo que me había sucedido. No quería recordar nada. El trabajo me hacía olvidar lo que me destruyó y cambió mi vida para siempre.

Capítulo IV

«Rompe el silencio. Cuando seas testigo de la violencia contra las mujeres no te quedes de brazos cruzados. Actúa», **Ban Ki Moon**.

Después de un tiempo, mi hermana Flor y su marido no se llevaban bien, porque Sergio a veces tomaba mucho y se ponía violento. Andrés, el bebé de ellos tenía dos años, más o menos. Una noche él llegó demasiado ebrio y empezó a pegarle a Flor. Nosotros estábamos durmiendo, de pronto mi sobrino Andrés llegó asustado, llorando y muy agitado. Él decía entre sollozos que su papá le pegaba a su mamita.

Todos salimos corriendo, yo llegué muy enojada a defender a mi hermana, quise separarlos y traté de meterme entre ellos. En el forcejeo mi mano topó su cara y él me mordió tan fuerte que casi me arranca el dedo. Cuando grité de dolor, soltó un poco, logró zafarse y salió corriendo. Yo lloraba muchísimo por el dolor, al ver que mi dedo casi se me caía. Mi hermana y mi hermano me llevaron a casa de una señora. Ella curaba y limpió mi herida. Pero como me había desangrado mucho me llevaron a un hospital. Al llegar, me pusieron suero y me cosieron el dedo. Nos regresamos a la casa y casi un mes después yo seguía de reposo, no podía hacer nada.

Mi hermana Flor me ayudaba a peinarme, bañarme, vestirme y hasta me daba de comer. Mi sobrino Andrés me daba mucha tristeza porque cuando me escuchaba llorar, preguntaba qué era lo que tenía y si me dolía la mano. Después de recuperarme seguimos trabajando haciendo ladrillos, volvimos a convivir juntos, en ocasiones vendíamos comida. El doctor Alberto estaba construyendo su hacienda y nos pidió que preparáramos comida para sus trabajadores, era un trabajo extra.

Sergio regreso como los ocho meses, convenció a mi hermana y volvieron a estar juntos.

Luego tuvimos que ir a trabajar al cerro, ya sin Flor, sólo mis hermanos y yo. Mi mamá iba a veces con nosotros, como era una fábrica nueva tuvimos que comenzar desde cero. Con el tiempo se unió Flor y también su esposo. Uno de mis hermanos consiguió trabajo como chofer, manejando un camión. Allí le pagaban por lo que transportaba, por lo general llevaba ladrillos de otras personas para vender en Cuenca. Así que sólo quedamos mi mamá y yo. Yo seguía sin ganas de vivir y extrañando a mi padre.

Capítulo V

«Ninguna mujer puede llamarse a sí misma libre
cuando no tiene el control sobre su propio cuerpo»,
Margaret Sanger.

Después de un tiempo se casó mi hermano Rafael.
Al matrimonio asistieron gente conocida y de los alrede-
dores. La esposa de mi hermano tenía un sobrino llamado Rosendo. Nos conocimos ahí, bailamos y platica-
mos durante la fiesta. Como él quería conocerme un
poco más nos hicimos amigos. Me pidió una cita para
vernos el domingo siguiente, pero no llegó a la cita. Él
iba a verme con el pretexto de ver a su tía, pero yo me
escondía, a veces me mantenía junto a mi mamá o con
mi hermana Flor.

¡Me daba terror, me daba miedo todo!, volvía a mi
mente el momento horrible en que me abusaron. Entonces pasó algún tiempo y un día que él me anduvo buscando, llegué a la casa de mi tía. Ella me preguntó si quería algo y le dije que me andaba escondiendo de un muchacho. Ella me escuchaba y preguntó: «¿Por qué no le
dices lo que te ha sucedido?», pero a mí me daba miedo
que él supiera mi desgracia. Pensaba que después de eso
él ya no iba a sentir nada por mí. Me sentía inferior, sentía que era una mujer de segunda categoría.

Mi tía me dio varios consejos y recalcó que era mejor que yo le dijera la verdad, pero yo seguía aterrada.
Toda la semana estuve con esa angustia y el siguiente domingo él fue a ver a su tía. Cuando hubo la oportunidad,

pude contarle lo que me habían hecho, y de lo mal que yo me sentía. Rosendo me escuchó y me dijo que eso no cambiaba lo que él sentía por mí, sólo me pregunto que si mi mamá sabía lo sucedido. Le respondí que sí, pero que no me había creído, entonces él me dijo que me quería y que a él no le importaba lo demás. Me sentí tranquila y querida, ya que para él yo no era culpable. Desde ese día nació una relación entre nosotros. Durante casi un año nos vimos escondidas.

Yo quise aprender a coser y una señora llamada Nereyda comenzó a enseñarme. Por su parte, Rosendo trabajaba como chofer de un camión grande haciendo fletes.

Tenía yo como diecisiete años, pero había un impedimento en esta relación: la señora Bernarda, la madre de Rosendo. Ella era una de esas personas que se siente mucho más que los demás, y para ella mi familia y yo éramos simplemente unos pobretones. Quería para su hijo a alguien mejor. Yo no era de su agrado.

Un día, cuando casi cumplía mis dieciocho años, Rosendo y yo nos escondimos. Fuimos donde una señora llamada Mónica, quisimos hacerles creer a sus familiares que nosotros habíamos pasado la noche juntos y nos íbamos casar. Al día siguiente el carro de Rosendo no encendió. Él fue a buscar un mecánico, pero no lo encontró. Entonces fuimos a buscar a otro mecánico, pero en el camino alcanzamos a ver el carro de su padrino. Estaba preocupado porque nos vieron juntos, me pidió que lo esperara, ya que no nos podían ver juntos por el momento, nuestros planes eran que iríamos más tarde donde ellos para decirles que nos íbamos a casar, pero todo salió mal.

Cuando él fue al taller mecánico, su mamá lo encontró y lo obligó a subirse a la fuerza en un taxi. Se fueron y yo me quedé sola, tuve que regresar con la señora Mónica. Ella me ayudó y me llevó a la casa de mi madre. Mi madre estaba muy enojada, creía que yo me había ido con Rosendo. Se había enterado de que a Rosendo también lo andaban buscando. Mónica habló mucho tiempo con mi madre, le explicó cómo sucedieron las cosas. Al final terminó creyendo. Ya no volví a ver a Rosendo. Sólo supe de él por un amigo que me contó todo lo que había pasado con él.

Pasaron casi cuatro meses, cuando la mamá de Rosendo lo mandó para los Estados Unidos de América. El papá de él estaba allá. La única manera de separarnos era poniendo distancia. A doña Bernarda no le importó lo que Rosendo y yo sentíamos. Doña Bernarda quiso impedir que Rosendo se casara con una mujer pobre.

Me sentí destrozada porque yo sí lo quería, sentí un gran dolor de que él estuviera lejos. Cierto día apareció un amigo de él, Eduardo. Este me dijo que había hablado con él y que no quería saber nada de mí, que sólo lo hizo para jugar y que nunca había decidido casarse conmigo.

Capítulo VI

«La violencia no es sólo matar al otro. Hay violencia cuando uno emplea una palabra agresiva, cuando hace un gesto de desprecio a una persona, cuando obedece porque tiene miedo», **Jiddu Kirshnamurti.**

Las hojas del calendario fueron cayendo una por una y cada vez que me encontraba con Eduardo me decía que me olvidara de Rosendo. El tiempo siguió su curso y yo no sabía nada de él y de verdad creí que no volvería a verlo. Así que Eduardo y yo comenzamos a tratarnos mejor, nuestra relación tardó como un año. Después del año planeamos casarnos. Lo habíamos hablado, la verdad no estaba ilusionada, no me había podido olvidar de Rosendo.

Los padres de Eduardo se oponían, tampoco me aceptaban, nuevamente por ser pobre. Pero seguimos viéndonos a escondidas. En una de esas veces me entregué a él y quedé embarazada. Yo me entregué porque estaba segura que nos íbamos a casar, creí en sus promesas. Días después lo vi y le dije que me sentía muy mal, él me convenció para ir a un doctor. Lo más raro fue que él entró primero al consultorio y después me hicieron pasar a mí.

Él habló con el doctor, le dijo que me recomendara algún medicamento o vitaminas para que yo no me sintiera mal. El médico me aplicó una inyección. Jamás supe qué era, pero me quedé callada. Después de semanas él quiso llevarme al mismo médico, pero dudaba de sus intenciones. Sentía algo raro, tenía un mal presentimiento. Él estaba cambiando, se había vuelto muy agresivo conmigo. Sentía como si él quería deshacerse de mí. No aguanté más y le pregunté por qué había cambiado, se molestó y me dijo enojado: «Sólo quería jugar contigo, ni en mis sueños me casaría con alguien como tú». Él creyó lo que Miguel le había contado de mí, el violador contó a su manera lo que me hizo. Y no todo quedó allí, también me gritó: «¡Yo no me casaría con una mujer que se enreda con su cuñado!».

El dolor que sentía fue muy fuerte, muy terrible, por el momento creí que todo se me acababa. Me confortó saber que iba a tener un hijo, sólo así volvieron las fuerzas para salir adelante. Oculté mi embarazo para que nadie lo notara, todos los días lo ocultaba bajo un delantal. Mi madre y hermanos no se dieron cuenta.

Eduardo estaba por casarse con otra mujer y parece que él tenía miedo de que yo de alguna manera impidiera su boda o que la arruinará porque yo estaba embarazada. El día antes de su boda aparecieron por la casa las hermanas de Eduardo acusándome de que yo iba a impedir la boda, me insultaron y golpearon hasta más no poder. Pero eso no me dolió, lo que sí me lastimó fue escuchar que Eduardo negaba a su propio hijo, que estaba seguro que el niño que yo esperaba no era de él.

Después de tantos problemas se marcharon. Mi madre había visto todo, allí se enteró de mi embarazo, aun así no se detuvo y me dio una paliza que yo no pude olvidar. Me golpeó tan fuerte, tal vez con la intención de que mi bebé no naciera. Tomó un palo y siguió golpeándome. Le dije la verdad, que sí estaba embarazada y me corrió de la casa.

Mi hermano Rafael fue a ver a mi madre y trató de defenderme. Le reclamó a mi mamá porque estaba molesto de que ella me golpeara y me tratara tan mal, porque a mi hermana Rocío no la había tratado igual, pero mi madre no entendía razones.

Entonces decidí irme de la casa, me fui con mi tía. Fueron sólo como tres semanas y después me fui con mi hermana Flor. Ya casi daba a luz, mi hermana Flor y Sergio me llevaron a Cuenca, también le avisaron a mi tía. Mi madre y mis hermanos no se aparecieron; sólo Flor, Sergio y mi tía. Di a luz a un precioso niño, que puse por nombre José. Cuando me lo trajeron me sorprendí, le faltaba un pedazo de su orejita y tenía como un tumor en su espaldita. Yo le pregunté desesperada al doctor, pero no supo responderme.

Entonces me preguntó qué había hecho durante el embarazo. Lo único que hice fue ponerme una inyección cuando Eduardo me llevó al médico. El doctor me dijo que tal vez quisieron hacerme abortar. No me importaba, yo amaba con toda mi alma a mi hijo .

No tenía ni un centavo, nada para cubrir los gastos. Lo único que yo tenía era una marranita, una chancha grande que había hecho crecer para ese momento. Tuve que vendérsela a mi tía y así poder pagar los gastos del hospital. La verdad, no tenía ni para comprar la ropa de mi bebé. Con lo que me dio mi tía por la marrana le pude comprar un poco de ropita a José. Era mi primer bebé y como estuve sola le puse nada más mis apellidos, aún no sabía lo que me esperaría más adelante.

Capítulo VII

«Defiende tu vida, lucha por tu independencia, busca tu felicidad y aprende a quererte», **Izaskun González.**

Mi madre se apareció el tercer día, todavía estaba muy enojada. Me decía que sólo había ido a visitarme porque le insistieron, porque no le gustaba que la molestaran. Yo desconocía a mi madre, me sorprendía su forma de actuar. Mi mundo sentí que se hacía pedazos, jamás creí que mi mamá y mi propia familia me dieran la espalda en los momentos que más necesitaba. Ella me llevó para la casa, ya nada fue igual, había cambiado todo. Ella no era la misma, la notaba fría conmigo, muy distante.

Mi hermano Miguel igual, él se molestaba por todo cuando lloraba mi hijo. Él me gritaba que lo callara. Era muy malo conmigo y a mi hijo no quería ni verlo. A mí como madre me partía el alma que despreciara a mi bebé. Pero el coraje me daba fuerzas. Deseaba con muchas ganas que mi vida cambiara.

Pasó un tiempo y a los tres meses lo bautizamos. Mi hermano Antonio fue el padrino. Mi otro hermano, Rafael, me lo aconsejó; que así lo hiciera para que Antonio y mi mamá tuvieran más cariño a mi pequeño José. A los cuatro meses mi niño empezó a gatear y mi mamá al verlo empezó encariñarse. Cuando mi bebé empezó a balbucear, a mi hermano le decía tío y en ocasiones le decía papá. Parece que mi bebé se ganó su cariño y eso me hacía feliz.

Aunque sentía tanto dolor, como a los siete meses mi hermano Antonio se casó e hicimos una pequeña fiesta en la casa. Una fiesta sencilla. Para hacer la fiesta tuvimos que hacer muchos sacrificios. Mucha gente asistió. Todo salió precioso. Mis tías, Flor, mis cuñadas y yo atendimos a la gente, pero algunos de mis hermanos no me hablaban, me veían y se reían con desprecio. A mi niño le hacían lo mismo, como si oliera muy mal, se notaba en sus rostros resentimiento, indiferencia y enojo.

Ellos asistían a fiestas constantemente con los vecinos y familiares, pero nunca nos invitaban. Sólo iban mi madre y mi hermano. Sentían vergüenza de que yo fuera de su familia, me discriminaban por ser madre soltera.

Cómo si fuera poco, mi hermana Flor tenía problemas con Sergio y se separaron otra vez. Así que decidimos trabajar juntas haciendo ladrillos por nuestra cuenta. Escondía mi niño en una bañera de plástico, porque Eduardo, el papá de mi bebé, vivía a poca distancia de donde nosotros trabajábamos. La verdad, me daba miedo que me lo fuera a quitar, tampoco quise que él supiera que ya había nacido mi hijo. Tiempo después mi madre se unió a trabajar con nosotras.

Me puse a pensar: «¿qué estaba haciendo mal, qué le importaba a los demás?». Así que decidí mostrar a mi hijo, ya no me importaba si lo veían a no.

A mí me gustaba la música y cantaba en ocasiones, aprovechaba cualquier momento para hacer lo que me gustaba. En una oportunidad me invitaron a una fiesta, pero mamá me descubrió y como jamás estuvo de acuerdo, me sacó de la fiesta a la fuerza. Me tomó de los cabellos y me volvió a golpear. Me dijo cosas horribles con malas palabras: que le daba vergüenza, que yo le hacía quedar mal frente a la familia. Me obligó a no hablar de lo sucedido.

Yo desde niña había soñado con cantar, mi gran sueño era ser cantante. Pero mi madre asesinó el sueño, todo el tiempo era el trabajo. Un día cansada de estar arando la tierra, decidí que quería cambiar mi vida. Algo dentro de mí me decía que podría cambiar si yo quería y así lo decidí. No podía permitirme renunciar también a este sueño. Entonces agarré con fuerza el pico y de un duro golpe lo clavé en la tierra, queriendo gritar desesperada que yo iba a luchar por mis sueños. Me juré a mí misma que ya no volvería a cavar la tierra ni hacer ladrillos. Yo daba cualquier cosa por cambiar mi vida en ese momento.

La idea de irme a Estados Unidos apareció en mi mente. Entonces volví a la casa con mi hijo en brazos, mi madre estaba muy enojada porque me había regresado de trabajar. Me arreglé lo más rápido que pude y salí rumbo a Cuenca para llamar a mi hermano por teléfono, ya que él estaba en Nueva York. Cuando puede hablar con él, le pedí que me ayudara a irme también para allá. Él tenía casi un año en los Estados Unidos.

Aunque al principio no me creyó, pero dejó claro que sólo podía ayudarme estando allá. Que yo buscara los medios para irme, que más no podía ayudarme. Eso no me iba a detener, no me iba a dar por vencida. Buscaría la manera de comenzar a darle forma a mi sueño.

Capítulo VIII

«Llamar a las mujeres el sexo débil es una calumnia: es la injusticia del hombre hacia la mujer», **Mahatma Gandhi.**

Yo iba de regreso para la casa, caminaba para tomar el carro que me llevaría de vuelta. Estaba muy triste y decepcionada. Comencé a dudar de mis sueños. El camino era un poco largo, seguía caminando y de pronto miré a un señor que conocía por mi hermano, el señor Benito. Nosotros habíamos trabajado un tiempo con él. Empezamos a platicar de mi hermano, de mi familia y me preguntó por el niño, le dije que era mío. La conversación que teníamos me llevó a hablar de mis planes de irme a Estados Unidos.

El señor era muy buena persona, él apreciaba a mi familia y sabía que yo había perdido a mi padre. Don Benito miró a mi bebé y entonces me dijo: «Yo voy a ayudarte, pero quiero asegurarme que no te vayan a estafar. Es mucho dinero y es bueno saber a quién se le voy a dar. Además no me gustaría que te pasara nada malo». Don Benito me acompañó al otro día para hablar con el coyote, la persona que me iba a llevar al otro lado.

Don Benito quería que todo saliera bien. Cómo le agradezco a Dios haber conocido a este señor. Tuve que tramitar mi pasaporte lo más rápido que pude, la cruzada me iba a salir en 6.500 dólares. Al siguiente día mi madre me acompañó a Cuenca. Ella me iba a ayudar con mi niño mientras tenía que recoger mi pasaporte. Mi madre estaba enojada, quería saber con quién iba a dejar mi niño y yo le contesté que con mi tía. No me dijo nada, se quedó callada.

Enseguida le dije: «Si usted me hace el favor de cuidarlo se lo agradecería». Se quedó pensando y no quería que me fuera. Nos pusimos a hablar por mucho tiempo, le expliqué mis razones y creo que me entendió porque decidió ayudarme.

Ese fin de semana salí para Cuenca, después para Quito. Como era sábado había mucha gente. Me destrozó el corazón dejar a mi hijo. A la terminal de camiones me fueron a despedir mi madre, mi hermana Flor, mi hermano Rafael y su esposa. Mi niño se quedó con ellos y mi vida también.

Tomé un camión rumbo a Quito y de ahí tomé un vuelo a Costa Rica. Luego hicimos una escala en Guatemala. Todo el recorrido fue un solo día, al final nos quedamos en un hotel. El grupo con el que íbamos a salir ya había partido, tuvimos que esperar dos semanas para volver a salir.

De ahí salimos rumbo México. Pero primero pasamos por un pueblo llamado Tecumán, salimos como a las tres de la mañana, cruzamos por un río llamado Río Negro. El agua me daba hasta el cuello. Tuvimos que cruzarlo con nuestra cosas en la cabeza para que no se mojara lo poquito que llevábamos. Terminando de cruzar descansamos todo el día. Salimos nuevamente como a la una de la mañana para poder llegar a otro pueblo, ya que sólo podíamos viajar durante la noche. Al tercer día llegamos a un lugar llamado Mazatenango, ahí nos quedamos nuevamente como un mes en una casa. No podíamos continuar el viaje, había mucha vigilancia en

México, ya que en esos días estaba de visita el papa Juan Pablo II. No quedaba más que esperar.

Una madrugada, ya como a las cuatro de la mañana, escuchamos demasiado ruido y un alboroto, solamente alcancé escuchar «¡Migración!». La Migra había llegado y todo mundo corría para poder escapar, pero ya nos tenían rodeados, nos detuvieron a todos. Éramos más de sesenta personas que sólo queríamos cambiar nuestras vidas y la de nuestras familias. Nos llevaron a la capital, a la Ciudad de México, me encerraron junto con otras mujeres y estuve detenida diecisiete días. Cuando salí, llamé a mi hermano Rafael en los Estados Unidos para que me ayudara y poder comprar un boleto de avión para regresar.

Era de madrugada, como a las dos de la mañana, cuando nos deportaron. Al llegar a Quito nos detuvieron como una hora. La verdad, ya no tenía para regresar a Cuenca, un hombre que había regresado con nosotras se ofreció a ayudarme y me prestó dinero para poder llegar a casa. Llegué a Cuenca como a las ocho de la noche, ¡mi madre casi se va de espalda cuando me miró llegar! No esperaba que volviera tan pronto.

Al día siguiente como a las cinco de la mañana fui a buscar al coyote, el señor que me ayudaría a cruzar al otro lado. Él me iba ayudar, pero tenía que sacar otro pasaporte, debía ir a Cuenca nuevamente. Me dio dinero para poder hacer los trámites, cuando regresaba para la casa con mi pasaporte y contenta con los papeles necesarios, me pasó algo terrible. Justo cuando iba cruzando la calle, un carro que iba huyendo de la policía cruzó la luz roja y me atropelló. De ahí no supe nada, todo se oscureció.

Capítulo IX

«Los miedos son negros y oscurecen los horizontes, de ahí que sea necesario dejarse guiar por expertos», **Raimunda de Peñafort.**

Cuando por fin abrí los ojos y empecé a reaccionar, estaba en una clínica. Sabía que estaba ahí porque distinguí los olores a alcohol y otros medicamentos. Me dolía la rodilla. Cuando me revisé, miré que tenía puntadas, me habían cocido la rodilla. Me dio una crisis de nervios.

Vi entrar a los doctores y me tranquilizaron, poco a poco me explicaron lo que me había pasado, también me dijeron que la persona que me atropelló, ya estaba presa y que iba a cubrir los gastos médicos. Por un momento creí que no iba a poder viajar, pero yo no iba a perder la oportunidad de irme al otro lado. Le expliqué al doctor y pedí que me ayudara, que yo tenía que viajar. Él me dijo que era riesgoso, pero que era mi decisión. El doctor me ayudó al ver mi desesperación .

También el señor que me atropelló pagó el taxi de regreso a la casa. Me dolía mucho, pero me aguantaba. Yo estaba decidida a viajar. Lo que hice fue llamar al coyote, para explicarle mi situación, pero el coyote me dijo que era mi única oportunidad de volver a cruzar, de lo contrario perdería la oportunidad y el dinero que ya estaba pagado.

Mi madre me tuvo que ayudar, junto con mi cuñada Clara, para hacerme las curaciones necesarias.

Eran como las ocho de la mañana del día siguiente, volví a salir para Quito, llevándome conmigo algunos medicamentos y antibióticos. Esta vez tenía que volar para El Salvador, de ahí a Guatemala. Al tercer día de camino, rumbo a México, en un carro tuvimos que viajar escondidos y volvimos a cruzar por el Río Negro de Tucumán para así llegar a México. Esta vez cruzamos en unas gomas de las llantas de los carros. Seguimos así de pueblo en pueblo, escondidos lo más que pudiéramos, después caminamos y llegamos hasta Mazatlán, Sinaloa. Tuvimos que empezar a caminar en medio del desierto unos tres días más o menos.

La rodilla me había molestado, pero los compañeros que iban conmigo me habían ayudado para poner los antibióticos. Ya no tenía los puntos, me los habían quitado en Guatemala, tardamos casi un mes para llegar a un lugar llamado Agua Prieta.

Al fin llegamos a una casa, pero como éramos demasiados, estábamos amontonados, la situación no era fácil. A veces comíamos y otras teníamos que pasar hambre. Nuestra comida muchas veces era sólo tortillas con huevos. Era algo diferente, nunca había comido eso en mi país, pero era rico y calmaba el hambre, ¡teníamos que comer! El camino era largo y agotador. Pasaron como dos semanas y por fin salimos para cruzar al otro lado. Era de madrugada, como las dos de la mañana y mi rodilla me dolía muchísimo y empecé a percibir un mal olor, me asusté cuando me di cuenta que la rodilla se me estaba pudriendo. Me había tratado de curar en el camino con antibióticos que ponía sobre mi herida, pero no era suficiente.

Dos personas que viajaban en el grupo me ayudaron todo el tiempo, ahora creo que eran mis ángeles. Caminamos como cuatro horas por Piedras Negras. El camino era malo, lleno de espinas, piedras y barrancos. ¡Un terreno muy seco y árido!

Cuando íbamos caminando encontramos a otro grupo que intentaba cruzar. Eran como cincuenta personas, nos unimos con ellos hasta llegar a Phoenix, Arizona. Allí nos detuvieron nuevamente los de Migración. Algunos quisieron correr y escaparse, pero nos agarraron.

Nos llevaron a la garita para cruzar el puente y nos mandaron hacia México. Pasamos cuatro días en la misma casa, donde habíamos estado. Esta vez tomamos camino, pero en unas camionetas. Los polleros tiraron una muralla y rompieron la cerca. Por ese lugar logramos cruzar hasta llegar otra vez a Phoenix.

Ahí tardamos tres días, yo tuve que esperar a que mi hermano Rafael mandara un poco de dinero para los gastos de mi vuelo. Mientras, nos pasábamos encerrados, esperando sentados o durmiendo en el piso. ¡Ansiábamos la hora de salir! Cuando los polleros recibían el dinero nos mandaban a nuestro destino.

Pasó mucho tiempo y por fin me tocó a mí salir de Phoenix hacia Nueva York. Me invadió el miedo y la emoción.

Capítulo X

«Las mujeres constituyen el único grupo explotado en la
historia que ha sido idealizado hasta la impotencia»,
Erica Jong.

Nunca supe a cuál aeropuerto llegué. Mi hermano
tenía que ir a encontrarme, pero él no pudo. Mandó a
un amigo por mí, pero este se perdió en el aeropuerto.
Casi todos los que venían eran recibidos por conocidos,
al ver que nadie fue por mí, me preguntaron si alguien
me recogería. Les dije que esperaba a mi hermano, pero
no llegaba, no lo veía. En ese momento en el que estamos platicando llegó un grupo de policías de Migración.
Nos arrestaron al saber de dónde veníamos. Tuvimos
que contar la verdad. Nos llevaron a un lugar desconocido, como a treinta minutos del aeropuerto. Nos inte-
rrogaron a todos. Yo estaba muerta de miedo, yo no quería regresarme.

Sólo nos tomaron las huellas y fotografías. Cuando
nos soltaron, un hombre que ya había estado de Nueva
York paró un taxi para ir hasta su casa y nos llevó con él.
Ahí estuve. Como traía el número de teléfono de mi hermano, le llamé. Me dijo que su amigo se había perdido
y que no me había podido encontrar. Más tarde él
mismo fue recogerme y me llevó a casa. Mi hermano vivía en Manhattan en la 106 y la 2ª Avenida. Todo se me
hacía desconocido, extrañaba a mi hijo y a mi familia, a
la vez sentía una alegría grande por ver a mi hermano

nuevamente. Jamás había visto tantos edificios, tanta gente, tantos carros.

Al llegar con mi hermano, vi que él vivía con otros amigos, todos hombres. Éramos doce en total, once hombres y yo. Era raro compartir el apartamento con desconocidos. Para mí era incómodo, tenía yo que dormir en la cama de mi hermano, mientras otros tres amigos también dormían en el piso, no me gustaba eso, pero tenía que aguantarme, por fin estaba en Nueva York.

Como a los tres días apareció una amiga que ya tenía tiempo en Nueva York. Ella vivía en el primer piso y nosotros en el sexto. Apenas se enteró de que yo había llegado me fue a buscar. Me dio mucha alegría verla, sentía un apoyo para mí. Me invitó a su casa y me dijo que me ayudaría a buscar trabajo.

Ella tenía trabajo, cuando descansaba, yo iba a su casa y cocinábamos juntas. Pasamos momentos muy agradables, me llevó a comprar ropa y me ayudó a conseguir un trabajo donde ella sabía que necesitaban personal.

Mi primer trabajo fue un *dry cleaner*, aprendí a planchar camisas y a utilizar cuatro máquinas. Empezaba a las ocho de la mañana hasta las siete de la noche, de lunes a sábado y a veces los domingos. Mi salario era de 300 dólares, los domingos entraba a las ocho y salía a las cuatro, trabajando los domingo lograba 400 dólares. Empecé a mandar poco a poco dinero al señor Benito para pagarle la deuda por la pasada hasta los Estados Unidos. Había juntado como dos mil dólares, sólo que don Benito quería todo el dinero junto. Reuní lo que pude y comencé a guardar mi dinero.

Como a los tres meses nos mudamos a Queens, por la 91St. y Roosevelt Avenue. Todo marchaba bien, solamente que Rafael no dejaba de tomar alcohol. Más en los fines de semana.

Yo seguía en el mismo trabajo, iba de Queens a Manhattan todos los días. Los primeros días no conocía bien y no podía usar los trenes, me perdí varias veces. Llegaba tarde al trabajo y mis jefes se enojaban, tuve que explicarles lo que me pasaba y se compadecieron de mí. Como ellos vivían en Flushing se ofrecieron a pasar por mí todos los días para irnos en su carro. Así dejé de llegar tarde.

Capítulo XI

«Una de cada tres mujeres puede sufrir de abuso o violencia durante su vida. Esto es una abominable violación a los Derechos Humanos, pero continúa siendo una de las pandemias más invisibles y poco conocidas de nuestros tiempos», **Nicole Kidman**.

Un día caminando por la ciudad de Manhattan, vi a una persona parecida a Rosendo, mi primer novio, el hijo de la señora Bernarda. Pensé que era un espejismo. «No puede ser él, esta ciudad es muy grande». Aunque él también vivía en Nueva York. Lo sabía porque mi hermano y él se habían visitado en ocasiones.

Un día me encontraba en la casa, tocaron la puerta. Me apresuré para abrir, entonces para mi sorpresa, me topé de frente a Rosendo. No pude reaccionar, me quedé impactada, muchos recuerdos pasaron por mi mente como en una película. La verdad no sabía qué decir. Lo hice pasar, me armé de valor y le reclamé: «¿Por qué me dejaste? ¡Te fuiste como si nada! ¿Por qué te burlaste de mí?». Le tuve que decir lo que su amigo Eduardo me había dicho: «Rosendo te desprecia, sólo fuiste un jueguito». Estaba muy dolida. «¡Eres un desgraciado! Yo no merezco esto, yo te amaba». Saqué todo mi coraje. Él me habló de una carta que me mandó, pero que yo nunca recibí. Ya más calmados, hablamos de lo que había pasado, me explicó todo y rogó que le diera una oportunidad, que el tiempo se encargaría de aclarar las cosas. Entonces como yo aún lo amaba, tuve que contarle la relación que tuve con su amigo Eduardo y que de esa relación nació mi primer hijo. Pero me comprendió, y me dijo que él me amaba, que el destino de nosotros era así. Entonces de común acuerdo nos dimos otra oportunidad.

Él tenía trabajo en la construcción, yo seguía trabajando en el *dry cleaner*. Empezamos a salir y en ocasiones me acompañó al trabajo para que aprendiera a viajar bien en el tren. Empezó a ir más seguido a visitarme.

Yo sentía preocupación de no poder juntar los dólares para poder pagar al señor Benito, que de muy buena manera me prestó el dinero para llegar a Estados Unidos. Para ahorrar más rápido me tenía que levantar a las cuatro de la mañana para preparar comida, me hacía mi *lunch* y así no gastaba en restaurante. Solamente gastaba lo necesario para los pasajes, guardaba todo lo que podía, pero como para mí era bastante dinero, tuve que esconderlo muy bien. Así que hice un hoyo en el colchón donde yo dormía, eran ya más de 6,000 dólares que logré juntar. Entonces mandé por partes el dinero a Ecuador para así pagar la deuda que yo tenía con el señor Benito. También le mandé un poco a mi madre.

Mi hermano Rafael se dio cuenta de que Rosendo y yo manteníamos una relación, pero a él no le gustaba. Cuando se emborrachaba me insultaba, me golpeaba, me trataba mal y me abofeteaba, no le importaba que fuera su hermana. Él me gritaba «Tú no viniste a tener novio, viviste a trabajar, a trabajar para tu hijo». Yo me quedaba callada, tenía que aguantarme. Cuando hablaba por teléfono con mi madre, ella me preguntaba cómo estaba y yo siempre decía que estaba bien, aunque eso no fuera verdad. Ella presentía de que eso no era así, ya que otras personas le habían dicho que mi hermano me golpeaba mucho cuando estaba borracho y sabía del gran sufrimiento que tenía por el mal carácter de mi hermano.

Un día domingo que hablé por teléfono para Ecuador, mi hermano Antonio me dijo que también quería venirse con nosotros a los Estados Unidos. Le dije: «Mira, Antonio, en este momento no puedo ayudarte, acabo de pagarle a don Benito el dinero que me prestó para llegar aquí. No tengo dinero ahora, espera un tiempo más». Entonces él quiso hablar con mi hermano Rafael, hablaron en privado mucho rato. Creo que se puso de acuerdo con Antonio. Él había decidido venir por su cuenta, salió solo de Ecuador hasta Guatemala. Después tuvo que buscar a alguien para que lo pasara a México, y la misma persona que le llevó a México lo trajo a los Estados Unidos. No sé cómo lo hizo, pero llegó con nosotros como a las tres semanas. ¡Una gran alegría de tener a mi otro hermano conmigo!

Capítulo XII

«Nuestros hombres creen que ganar dinero y dar órdenes son la base del poder. No creen que el poder está en las manos de una mujer que cuida de todos durante el día y da a luz», **Malala Yousafzai**.

Cuando Antonio ya estaba instalado salimos a comprar un poco de ropa y una cama, para que él tuviera donde dormir. Después de una semana de haber llegado, él encontró trabajó como ayudante de construcción. Yo me sentía más tranquila, Antonio y yo platicábamos mucho, nos llevábamos muy bien.

Él me dijo que había venido por mí, porque él sabía cómo me trataba Rafael, y que mi madre tanto como él estaban preocupados. Por ese motivo él había decidido a venir a cuidarme. Al principio estaba todo bien, pero mi hermano Rafael seguía tomando mucho y llevaba amigos a la casa. Antonio le pidió a Rafael que no hiciera eso. Al menos que respetara la casa donde vivíamos, que tratará de dejar de tomar, pero no hizo caso, al contrario, se aferraba más y más al alcohol. Nos maltrataba física y psicológicamente todo el tiempo, nos ofendía. Según él le debíamos respeto por ser el hermano mayor.

Entonces mi hermano y yo quisimos mudarnos, el problema era dejarlo solo. Él nos había ayudado a llegar a los Estados Unidos. Nos sentimos mal al querer dejarlo varias veces. Al final nos quedamos y salíamos para evitar que nos agrediera cuando él estaba borracho. Rafael me golpeaba todo el tiempo sin ningún motivo. Un día quiso golpearme, pero lo vio Antonio y lo enfrentó. Fue cuando Antonio le dijo a Rafael que ya sabían que me pegaba, que me trataba mal. Total que discutieron, se molestaron mucho, pero seguimos viviendo juntos.

El próximo fin de semana se volvió a emborrachar, estuvo tomando toda la noche. Mi hermano Antonio y yo no pudimos entrar al apartamento. Al día siguiente salimos juntos hacia el trabajo y en el camino cada quien se fue por su lado. Yo regresé al trabajo como a las cinco de la tarde. Rafael aún seguía bebiendo. Cuando él me vio entrar enseguida comenzó golpearme, me dio varias patadas y cachetadas. Sólo sentía los golpes por todo mi cuerpo, creí que me iba a matar, pero un amigo que estaba ahí lo detuvo y le preguntó: «¿Por qué le pegas?». Yo también le pregunté que por qué me pegaba. Rafael sólo me preguntaba, que quién era el muchacho con el que estaba en la playa. Por más que yo le dije y demostré que había estado trabajando, él no me creyó asegurando que yo andaba con alguien por la playa.

Toda golpeada, salí sin rumbo a la calle para buscar un teléfono público para llamar a mi hermano Antonio. Él me había dejado el número de su amigo para poder localizarlo y resulta que estaba por Woodside, como a unos veinte minutos en el tren. Cuando él tomó la llamada le conté lo que me acababa de hacer Rafael. Él se asustó mucho porque me escuchó llorando, cuando llegó me encontró con la cara amoratada.

Tenía el cuerpo adolorido y moretones por todos lados. Subió corriendo, justo llegó también Rosendo. En ese momento los dos subimos tras de Antonio, algo malo estaba por suceder; Antonio y Rafael terminaron golpeándose. Rosendo y yo los apartamos para que no se matarán. Rosendo tomó a Antonio para sacarlo y yo salí tras de ellos. Rosendo se ofreció llevarnos a donde quisiéramos. Pero no teníamos a donde ir, salimos sin rumbo, entonces entramos a un restaurante en la 82 Street, a unos cuantos bloques de donde vivíamos. Mi hermano Antonio estaba muy enojado y se tomó como cuatro cervezas con Rosendo, también comimos en aquel lugar y regresamos al apartamento como a la una de la mañana. Rafael ya estaba dormido, aprovechamos eso para entrar a la casa, sin hacer mucho ruido.

Al día siguiente hice el *lunch* para mis hermanos y para mí. Antonio y yo salimos rumbo al trabajo, pero yo no fui a trabajar. Rosendo me estaba esperando en el tren, creyendo que yo iría al trabajo. Un poco más tarde, Rosendo me encontró, hablamos de lo que había pasado y me propuso que nos fuéramos a vivir juntos. La verdad, no me lo esperaba. Él no quería que siguieran los problemas con mi hermano y además de eso, «íbamos a tener que hacerlo tarde o temprano», eso me decía. Yo quería cambiar, no me gustaba cómo vivía, entonces acepté y salimos a buscar un cuarto para mudarnos. Cuando encontramos una habitación, regresé a la casa solamente por mi ropa, no me iba a llevar más nada. Pero esperé a que Rafael saliera de la casa, no me lo quería encontrar, estaba resentida por todo lo que me había hecho.

Rosendo llamó a su papá como a las cinco de la tarde, ellos vivían juntos. Él le avisó que no iría para la casa, que no se preocupara, que él estaba bien. Al tercer día Rosendo se fue trabajar con el señor Rodolfo, su padre. Ya que trabajaban juntos, en el trabajo aprovechó el momento, para avisarle que él y yo ya estábamos viviendo juntos. Así comenzamos a vivir como una pareja, sin casarnos, no sabía si era amor o no, pero en esos momentos era la oportunidad que no podía desaprovechar. Quería cambiar mi vida, dejar atrás todo ese sufrimiento, quería comenzar desde cero.

Capítulo XIII

«Nunca ofrezcas tu corazón a alguien que come corazones, alguien que cree que la carne del corazón es deliciosa y no rara, alguien que succiona los líquidos gota a gota y que, con el mentón ensangrentado, te sonríe»,
Alice Walker.

Rosendo casi a la semana me llevó a comer con su papá, nos empezamos a llevar muy bien, empezamos a frecuentarnos más seguido, en ocasiones salíamos a pasear. Todo parecía estar bien, pareciera que mi vida al final había tomado otro rumbo. Pero sólo fue así como siete meses. Nos mudamos con Isidro, un amigo de Rosendo, el esposo de mi amiga Laura. Rosendo e Isidro consiguieron un apartamento. Vivíamos en un *basement,* en la planta más baja de la casa por la 105 St. Yo ya no veía a mis hermanos, tuve que dejar de trabajar en el *dry cleaner,* estuve un tiempo sin trabajo, pero mi amiga Laura me dio la mano y me llevó a donde ella trabajaba para ver si me daban trabajo a mí también.

Era una factoría, conseguí el trabajo y hacía ojales en la ropa que ahí fabricaban. Me pagaban por docena, también quedaba en Manhattan, así que tenía que viajar. Laura y yo íbamos y regresamos del trabajo todos los días juntas.

Laura ya tenía una bebita y estaba embarazada. También yo quedé embarazada y nos preocupó. A Laura después de un tiempo la despidieron debido su embarazo. Yo seguí trabajando, pero cuando notaron mi embarazo de la misma forma me despidieron. Las dos nos quedamos sin trabajo, buscamos otros, pero nadie nos daba uno debido a nuestra condición. Entonces, desesperadas empezamos a recoger latas y así sacar algo de dinero para ayudar con los gastos de la casa. Reciclábamos y vendíamos las latas y botellas. De esa manera aprovechábamos el tiempo mientras llegaban nuestros bebés. También conseguí otro trabajo ensamblando joyería de fantasía. Nuestras rutina era recoger latas durante el día y por la noche hacer el trabajo de las prendas de fantasía.

Laura dio a luz a su segundo bebé y después en poco tiempo yo. Nació mi bebé, era una niña, la más linda y hermosa, le puse de nombre Fernanda. Los días siguieron su curso y Rosendo continuó trabajando en la construcción y yo seguía juntando latas y haciendo el trabajo de la joyería de fantasía.

Rosendo comenzó a emborracharse con sus amigos, al principio no era tan seguido, pero después cambió. Por esos días, la mamá de Rosendo, doña Bernarda, llegó de Ecuador. Rosendo se iba a verla a veces, pero después lo hacía todos los días. Don Rodolfo había mandado a traer a doña Bernarda y vivían por la 93 St. en Queens. Cuando me sentí mejor conseguí otro trabajo por la 42 St. También era en una factoría, trabajando en la limpieza y cortando hilos.

El frío que hace en Nueva York es bastante duro. Yo aún no me acostumbraba, pero teníamos que trabajar. A Rosendo le habían reducido el trabajo y se quedaba algunos días en la casa mientras yo iba a trabajar. Yo dejaba a Fernanda, mi bebé, con mi amiga Laura. Un día Rosendo no fue a trabajar y se ofreció a cuidar a Fernanda. Salí a trabajar confiada de que mi hija se quedaba en buenas manos, pero al volver del trabajo no los vi en casa, busqué a Laura y le pregunté por ellos. Estaba desesperada, ella me pidió que me calmara, sólo me dijo que habían salido en la tarde, y que tal vez regresarían en la noche.

Yo estaba preocupada por Fernanda, no sabía si la había abrigado, ya que hacía mucho frío y no quería que se enfermara. Cuando llegó le pregunté dónde estaban. Me sorprendió su reacción, porque se molestó y me dijo: «¿Para qué quieres saber?». Yo estaba preocupada por mi niña, me dijo muy serio «¡Llevé a mi hija con mi mamá, quería que la conociera!».

Él comenzó a cambiar conmigo, no salía de la casa de su mamá, lo malo es que cuando regresaba, se molestaba y me agredía. Era muy grosero y me hacía sentir que le estorbaba.

Cierto día que yo llamé para Ecuador, le platiqué a mi madre lo que me estaba pasando, creyendo que me aconsejaría. Necesitaba un consejo, pero no fue así, mejor me reclamó y me dijo muy seria: «¡Querías marido, no, ahora aguántate!». Después me dijo que ya estaba enterada de todo y que la mamá de Rosendo, doña Bernarda, viajó a los Estados Unidos con la intención de separarnos, que ella nunca había aceptado que su hijo se hubiera juntado conmigo y que ella se había jurado separarnos y no descansaría hasta lograrlo y tenía planes para Rosendo, ya tenía la novia para que se casara. Efectivamente, doña Bernarda ya tenía a la mujer para Rosendo.

Fernanda cumplía cinco meses de edad más o menos, cuando Rosendo e Isidro salieron a tomar juntos. Regresaron borrachos, me sentía rara, tuve un presentimiento. Rosendo me golpeaba cada vez que podía, todo por las intrigas de su madre. Laura también era abusada por Isidro. Las dos teníamos mucho miedo, sufrimos la violencia machista. Ellos habían salido molestos con nosotras, por precaución nos encerramos bien, para que no pudieran entrar, pero no podíamos dormir por el miedo y la angustia. Como a las tres de la mañana escuchamos cuando llegaron, hicieron mucho ruido. Cuando quisieron entrar no pudieron y se enojaron muchísimo más. Entonces Isidro le dio una patada a la ventana y la rompió. Cuando lograron entrar, ellos nos golpearon con salvajismo. Las dos quedamos bañadas en sangre y adoloridas. Logramos encerrarnos en el baño. Debido a los golpes no pude ir a trabajar, tenía marcas por todos lados.

Rosendo volvió al día siguiente, pero sólo me ofreció disculpas, que lo perdonara porque estaba borracho y no sabía lo que hacía. Decía que nunca volvería a pasar, ¡lo juró!

No pude trabajar como por dos semanas y no podía salir debido a los golpes que aún tenía. Me había dañado un ojo, lo tenía morado e hinchado por un golpe que me dio. Después de eso busqué otro trabajo. Laura había decidido separarse de Isidro. Cuando nos avisaron, Rosendo decidió que nos mudáramos, porque no podíamos pagar la renta solos. Como no encontrábamos cuarto, Rosendo decidió que fuéramos a vivir con sus padres. La idea no me agradó, pero la acepté porque era mi esposo, éramos una familia en un momento de crisis. Pensaba que era una mala racha, «¡Ya ha de pasar esta situación!». ¡Qué equivocada estaba, no sabía que mi condena apenas comenzaba!

Capítulo XIV

«La violencia racial, de género, sexual y otras formas de discriminación y violencia no pueden ser eliminadas sin cambiar la cultura», **Charlotte Bunch.**

El infierno comenzó para mí. Al principio sólo nos dieron un lugar en la sala de la casa. Tuvimos que poner unas cortinas para tener un poco de privacidad. Compartíamos la cocina, en ocasiones cocinaba yo y en otras la señora Bernarda.

Comencé a buscar otra vez trabajó en la factoría de Manhattan. La señora Bernarda me cuidaba a mi hija, pero yo sabía que sólo lo hacía por su hijo. La verdad, no tenía una buena relación con ella. Sabía que no podía confiar en la señora, ya que tenía las intenciones de querer separarme de Rosendo. Cuando él estaba en casa ella se portaba muy amable conmigo, pero cuando tenía la oportunidad me agredía e insultaba. Me hacía sentir mal en todo momento.

Muchas veces Rosendo y yo peleábamos por las intrigas de ella. En ocasiones cuando regresaba del trabajo, Rosendo me medía el tiempo y si llegaba tarde me golpeaba, a veces tardaba para llegar porque el tren a esas horas venía muy lleno. Ella aprovechaba cualquier descuido mío y se ponía a cocinar más temprano, le daba de comer a Rosendo para que cuando yo llegara él ya no quisiera comer. Me dejaba que cocinara y al final decía que no tenía hambre. Me insultaba delante de su madre.

Yo ya no comía, se me iba el hambre del coraje e impotencia. Mi relación se fue en picada.

Rosendo ya no me tomaba en cuenta. Su madre era quien le daba de comer, cada vez que yo llegaba él ya no tenía hambre. Doña Bernarda le llevaba comida a escondidas al cuartito a donde dormíamos. Me molestó la indiferencia de Rosendo y un día ya no aguanté. Le reclamé a doña Bernarda, porque siempre me insultaba y me hacía quedar mal delante de su hijo: «¿Cuál es la razón? ¿Por qué me hace la vida imposible?», le pregunté.

Fernanda ya tenía como un año, en ese tiempo ya la íbamos a bautizar. Llego el día del bautizo, ya estábamos en la fiesta, cuando llegó mi hermano Rafael y dijo que yo lo había invitado. Eso era mentira, ya que sabía que ellos no se podían ni ver. Mi hermano ya no vivía con su esposa, que era tía de Rosendo, se estaban separando. Por ese problema ellos se habían distanciado. La música inundaba el ambiente, Rosendo y yo bailábamos y en medio de tanta gente comenzó a agredirme verbalmente y a reclamar la presencia de mi hermano. Al principio en voz baja, pero después con violencia. De pronto, me dio una fuerte cachetada delante de la gente que estaba en la fiesta. Me sentí muy humillada, la señora Bernarda parecía sonreír en ese momento.

Ella me tomó del brazo me dijo: «Vamos, será mejor que te escondas un ratito para evitar más problemas en esta fiesta». Entramos en un cuarto. Ella salió y me dejó encerrada, le puso llave a la puerta y me dejó ahí, sin ser parte de la fiesta de mi pequeña Fernanda. Eran como las dos de la mañana cuando ellos me abrieron la puerta, sólo para que yo usara el baño. Pasó la fiesta, pero yo no fui parte de la celebración. Me sentí muy mal conmigo misma, en ese momento yo no sabía que era víctima de violencia doméstica, creí que era normal en todas las parejas.

Al día siguiente él se levantó como a las once de la mañana, le reclamé también porque a Fernanda me la escondieron, la llevaron a dormir con mis suegros, no durmió conmigo. Otra vez volví a escuchar lo mismo de siempre «¡Discúlpame, no sé qué me paso!, me cayó mal que tu hermano viniera, no lo soporto y lo sabes». Esa fue la respuesta de Rosendo. Estábamos hablando y en ese momento se apareció su mamá, como siempre llegaba a entrometerse. Ella había escuchado todo detrás de la puerta. Rosendo se metió a bañar, todavía no salía, cuando llegaron los padrinos de Fernanda para seguir la fiesta y convivir otro rato más. Mis compadres me preguntaron que por qué me ha ido de la fiesta, tuve que mentir y decir que me sentía mal, que me disculparan por lo ocurrido.

Un día después hablamos Rosendo y yo sobre los gastos que íbamos a compartir, queríamos hacer nuestra propia casa y había que dividir los gastos. A mí me tocaba pagar todos los gastos de la casa con el sueldo que yo ganara y él iba a trabajar para construir la casa. Queríamos hacerla en Ecuador. No podía cubrir los gastos, tuve que buscar otro trabajo empacando joyería de fantasías. Yo pagaba la renta de los dos, los *pampers* de Fernanda, mis pasajes y de paso también a doña Bernarda para que me cuidara a mi hija. Así que me tocaba trabajar muy duro, pero no me importaba, tenía la esperanza de tener mi casita.

Yo quería juntar dinero para mudarnos y poder vivir lejos de mis suegros, a veces sólo dormía como dos horas, me amanecía trabajando. No sé cuánto tiempo pasó así. Yo quería confiar en Rosendo, y otra vez quedé embarazada. Yo no me lo esperaba y Rosendo lo supo como a los tres meses. Un día me sentí mal y tuve que ir al hospital, cuando le avisé, a él no le importó, sólo me dijo: «¡Ah, otro bebé! Está bien, lo bueno es que estás trabajando».

Ese fin de semana él me preguntó que cómo estaba, yo le dije que bien, no me dijo nada más. Él se quedó callado y yo me fui a cocinar. Lo llamé cuando estaba lista la comida, pero me dijo: «Tenemos que esperar a mis padres». Luego me dijo algo en ese momento que me extrañó mucho: «Quiero mandar un televisor para Ecuador, es para para una tía». Le dije que estaba bien.

Los padres de él llegaron y salieron enseguida hacia la agencia de envíos para mandar el dichoso televisor. De regreso se encontraron con un primo y con la esposa, llegaron a casa con dos pacas de cerveza, comenzaron a beber, hablaban y hablaban. Pero escuché algo que dijo el primo: «¿Cómo está la mar? Primo, ¿ya le mandó la tele o qué?». No supe de quién hablaban, pero me invadió la duda. La esposa del primo también estaba tomando y cuando ya estaban más borrachos, ella dijo algo que me molestó: «¿Por qué no me presta su marido usted y yo le presto el mío?». La verdad me molestó mucho, no sé si ella quería molestarme, pero le dije: «Si quieres te lo regalo, ¡llévatelo!». A ella no le importó que su esposo estaba ahí escuchando todo, no le tenía ningún respeto. Rosendo me ofreció disculpas al día siguiente y le dije lo que había pasado, me contestó: «Si yo quiero me voy con ella, si yo quiero, ¡no me jodas! todo el tiempo estás jodiendo. A ti no te importa lo que yo hago». Nuevamente me quedé callada. Desde ese momento sabía que lo nuestro estaba por terminar, pero pensaba en mis hijos, y me aguanté, calladita seguí cargando mi cruz.

Capítulo XV

«Si te maltrata y no haces nada, estás dejando que lo haga», **Montserrat Delgado.**

Rosendo tenía dos trabajos como súper. Mi embarazo siguió avanzando, y después de un tiempo ya no me dieron trabajo en la factoría, lo único que hice fue pedir más trabajo con la señora que me daba las joyas de fantasía para empacar. Yo me pasaba todo el tiempo en la casa, no tenía que pagar ya nada a la señora Bernarda. Un día que estaba la niña conmigo, la llevé al baño, pero para llegar tenía que pasar junto al cuarto de mis suegros. La casa era demasiado estrecha. Rosendo estaba hablando por teléfono, me sorprendió escuchar la conversación que él tenía con otra persona, era una mujer. Él le decía que fuera a recoger el televisor y de paso que retirara dos mil dólares. Me extrañó al escuchar cómo él le hablaba, con tanto cariño y confianza, no quería que ella fuera sola, así que le pidió que la acompañara alguien, ya sea su mamá u otra persona.

Nuestra relación siguió de mal en peor, meses después yo me sentía mal y me fui rumbo al hospital, tuve que ir a Manhattan, al hospital Mountsanai. Estuve sola, me llevé una ropita. Rosendo había ido a trabajar y no me acompañó, pero pensé que iría a buscarme más tarde. Como ya había oscurecido me quedé esperando hasta tarde creyendo que él iba a llegar, jamás se apareció. Al día siguiente le llamé como a las seis de la mañana. Cuando le pregunté por qué no pudo ir al hospital, salió con la excusa del trabajo:

—¡Ya tú sabes! Llegué muy cansado. ¿Cuándo regresas?

—Más tarde, cuando me den de alta.

—Está bien. Toma un taxi y ven a la casa, mi mamá te va a pagar el taxi.

—¿Qué nombre le pondremos al bebé?

—¿Qué fue? —respondió enojado—. Ponle Oswaldo.

—¿Y el otro nombre? —pregunté, ya que nosotros acostumbramos a tener dos nombres.

—Piensa en uno, ¿tú no eres la mamá?

Me sentí muy mal y el niño quedó con el nombre de Oswaldo, y le puse sólo mis apellidos, al igual que a Fernanda. Ellos no tenían el apellido del papá. Las enfermeras preguntaron por el papá y como no estaba conmigo, me recomendaron que debía ponerle sólo los míos. Cuándo nació Fernanda, tampoco quiso ponerle su apellido, según él, sería mejor que nos casáramos primero.

Cuando llegué a la casa con el bebé en los brazos, le pedí al taxista que me esperara para ir por dinero y poder pagarle. En eso salió doña Bernarda llevando de la mano a Fernanda y dijo que iba a pagar el taxi. Puse a Oswaldo sobre mi cama, estaba un poco cansada y quería descansar, antes de que yo preguntara por Rosendo, la mamá de él se disculpó porque según seguía trabajando y por eso no había podido ir a recogerme al hospital. Fernanda fue la única que se alegró de que llegáramos.

Rosendo se apareció como a las once de la noche, sólo me preguntó cómo estaba, miró a Fernanda, la cargo en sus brazos y le dijo en voz burlona: «¡Ya ves, tenemos otro chillón!». La voz de doña Bernarda se escuchó para llamarnos a comer. Rosendo sólo tomó un pequeño instante a Oswaldo. Volvimos al cuarto, no hablamos nada, parecíamos extraños. Al siguiente día me preguntó:

—¿Qué vas a hacer?

—Iré a lavar un poco de ropa y a pagar la renta.

—¿Tienes dinero? —me preguntó, yo solamente asentí con la cabeza.

Me fui a lavar y a empezar de nuevo con mi rutina, traté de cuidarme, luego de un tiempo empecé a buscar trabajo. Los gastos me habían rebasado y tenía que trabajar más. Me motivaban mis dos niños. La señora que me daba el trabajo de la fantasía me recomendó con personas para que yo tuviera más entradas de dinero.

Rosendo casi ya no hablaba conmigo, llegaba del trabajo y se iba al cuarto de sus padres, siempre hablaba en secreto con la mamá. Me daba mucha curiosidad saber qué hablaban, no me sentía tranquila, ya que presentía algo malo. Esa tarde fui al cuarto de doña Bernarda para que Rosendo cuidara un ratito a mis hijos. Cuando entré se quedaron callados, pararon la conversación. Eso me hizo pensar que yo no estaba equivocada, que ellos planeaban algo en mi contra. Después Rosendo llegó al cuarto, me alcanzó y entonces le pregunté:

—¿Qué secreto guardas con tu madre?

—¡A ti no te importa!

—Yo lo voy a saber algún día y ojalá no sea algo malo —respondí.

La situación siguió igual, para mí era un infierno cada vez peor. Era muy ignorada a pesar de estar conviviendo en el mismo reducido espacio. Rosendo seguía mandando dinero para Ecuador para la construcción de nuestra casa. Yo seguí pagando los gastos en Nueva York. Un día me dijo: «¡Ya está terminada la casa! Sólo hay que trabajar un poco más». Creí que mis gastos se iban a disminuir y que él me podría ayudar, pero no fue así. Él empezó a beber más seguido con el primo y la esposa del primo, esa mujer por la que Rosendo y yo siempre peleábamos.

Le dije a Rosendo que sólo iba a trabajar para ahorrar, que ya habíamos terminado el acuerdo de ayudarnos. Quería arreglar mi dentadura, porque me molestaba usando un puente postizo. Yo había perdido la dentadura en una ocasión que Rosendo me había golpeado estando borracho. Tuve una dentadura postiza, pero él me la tiró al *toilet*. Se burlaba de mí, no le agradaba que yo me quisiera arreglar mis dientes.

Oswaldo tenía como dos meses de nacido, en una noche escuche qué Rosendo llegó muy borracho, no podía bajar del carro, le daba trabajo estacionarse. El parqueo quedaba en la parte trasera de la casa, junto a nuestro cuarto, por eso lo escuchaba muy claro. Los padres de él salieron al escuchar que no podía estacionar el carro. Comenzaron a hablar, Rosendo hablaba duro, pero la mamá le decía que se callara. Escuché claramente cuando le dijo a su mamá: «Madre, ya hablé con ella, ya lo arreglé, la casa está lista y me puedo ir». La mamá le insistió que se callara, pero él seguía. «Ya me voy, mamá. Me voy a ir con ella, ahora sí voy a estar con ella».

No sabía quién era ella. La duda me carcomía. Él se iba a ir con otra mujer, escuché que se llamaba Camila y que ya le había mandado mil quinientos dólares. La verdad, escuché muchas cosas que me lastimaron y que no quiero recordar, esa noche no pude dormir.

Al día siguiente él iba supuestamente a salir a la playa con sus compadres, a mí no me dijo nada, sólo escuché cuando su madre le preguntó: «¿Ya estás listo?». Quise hablar con él, le pregunté: «¿Te acuerdas de lo de anoche? ¿Quién es Camila?». Él se hizo el desentendido y negó todo. Decidida fui a preguntarle a doña Bernarda y le dije:

—Ya sé todo. Sé lo de Rosendo y Camila.

—Tú ya sabias que yo vine a separarte de mi hijo. Eres poca cosa. Él ya estaba comprometido desde Ecuador.

—¿Y no ha pensado en los niños, sus nietos?

No le importó, seguimos en la discusión, y ella explotó, quería golpearme. Yo detuve la mano de ella cuando me quiso golpear y le dije:

—¡No! Usted ya no me va a golpear, ¡eso se acabó! —Estaba furiosa y más de que no pudo pegarme—. Sí, me duele, sí me duele, pero usted no tiene que meterse, esto es asunto de los dos y usted sobra.

La señora siguió burlándose de mí. En eso llegó Rosendo por atrás y empezó a golpearme. Allí su madre se metió también y me agarró de los cabellos. Quise salirme, pero me jalaron muy duro, tanto que me arrancaron un montón de pelo. Tirada en el piso, lloraba de coraje, no podía creer que Rosendo, el hombre que era mi primer amor, me tratara de esa manera. Entre sollozos vi que la vieja Bernarda tenía entre sus dedos un mechón de mis cabellos. Unos vecinos salieron a defenderme, ya que sabían que me trataban muy mal, y se pusieron a reclamarles. Gracias a ellos pararon de golpearme. Yo empecé a tomar distancia y encerrarme en mi cuarto, sólo salía para cocinar para mis niños.

Rosendo se llevaba a Fernanda con ellos para comer, yo a veces comía y otras veces no. Caí en depresión, aunque no sabía que era eso. Sólo soñaba con el día en que yo pudiera escaparme de ese abismo. Como a las tres semanas le dije a Rosendo: «Voy a cocinar aparte». Tenía lo necesario para hacerlo, no quería más problemas con la señora Bernarda. Pero no le agradó la idea, él quería estar con su madre, tenía mamitis aguda.

Oswaldo tenía como cuatro meses, era un fin de semana. Rosendo me dijo: «Arregla a los niños que más tarde vamos a salir, solamente voy a Brooklyn, al edificio, para sacar la basura y regreso. Quiero llevar a Fernanda al Mcdonald's». Entonces le dije que saldría a comprar los *pampers* para Oswaldo y me respondió: «No te preocupes, yo voy». Entonces le di veinte dólares para que los comprara, yo no quería pelear, estaba cansada. Pasó el tiempo y no regresaba, creí que se ha ido a beber con sus amigos, y nos quedamos esperando los niños y yo, traté de llamarle por teléfono, pero no contestó.

Al día siguiente llegó al cuarto don Rodolfo, el papá de él, preguntando si Rosendo llegó, le dije que no, que lo iría a buscar. «Yo no creo que esté con sus amigos, ni en ningún otro lado, me sospecho algo», me dijo y se fue para su trabajo.

Yo fui a buscar a la señora Bernarda, y le pedí que me cuidara a Oswaldo, tenía que salir un rato, sólo me podía llevar a Fernanda. Salí rumbo a Brooklyn, al edificio donde trabajaba Rosendo, pero no lo encontré. Comencé a preocuparme, pregunté a algunos amigos, busqué en algunos hospitales, en las estaciones de policía, busque en Queens y en El Bronx y no daba con él.

Cuando regresé, le pregunté a la señora Bernarda por Rosendo y sólo me dijo «Ya va aparecer». Más tarde llegó don Rodolfo. Yo quería ir al otro edificio que estaba por la 74 St. en Queens, quería ir a sacar la basura mientras él aparecía, no deseaba que perdiera su trabajo, pero ellos no me dejaron, salieron por mí.

Cuando se fueron busqué a un muchacho que vivía también en el apartamento con nosotros, le pedí de favor que llamara para Ecuador y le preguntara a su tía si no había visto a Rosendo por allá, ya que yo presentía de que él se había ido para allá. La tía del muchacho vivía al lado de la casa de don Rodolfo en Ecuador. Cuando le preguntó por Rosendo, ella le dijo que él estaba en Ecuador, que tenía días de haber llegado allá. La noticia no me sorprendió mucho, sus padres lo sabían y no me dijeron nada. Ellos llegaron, yo hice como que no sabía nada y me quedé callada. La señora Bernarda me preguntó si su hijo había llegado y le dije que no.

Después de unos días esperé que la señora Bernarda se fuera para escaparme con mis hijos. La verdad no tenía a donde ir, pero no importaba, quería irme lejos, ¡lo más lejos de ellos! Llamé a una amiga y pedí ayuda, le comenté la situación en la que estaba, ella me ayudó sin preguntarme más, me di prisa y empecé empacar las pocas cosas que tenía. Eran como las diez de la mañana, ella llamó a otra amiga para que me ayudara. Sólo me llevé la ropa de los niños y sábanas, tomé un taxi y me fui a casa de mi amiga. Quería alejarme de ese infierno que soporté por demasiado tiempo. No quise voltear a ver para olvidarme de todo, creí que todo había acabado.

Al tercer día de haber dejado la casa de doña Bernarda, me enteré de que Rosendo se estaba casando con Camila, la mujer con la que se había comprometido en Ecuador. No me mudé tan lejos, mi amiga vivía por la 94 St. en Queens, cerca de la Roosevelt Av. A partir de ahí empecé a buscar trabajo. Había quedado sin nada, ya que había pagado la renta de donde vivía. Volví a buscar a Laura, mi amiga, ella trabajaba vendiendo helados y me consiguió trabajo otra vez. Tenía que buscar un cuarto donde poder vivir con mis hijos, yo estaba dispuesta a hacer lo que fuera por mis hijos. La desgracia que había vivido me tenía que hacer más fuerte.

Capítulo XVI

« La violencia es el último recurso del incompetente»,
Isaac Asimov.

Yo vendía helados y trabajaba duro, pero el dinero no era suficiente, seguí buscando trabajo ensamblando la joyería de fantasía. Después de un mes, junté un poco de dinero. Traté de buscar un cuarto, a veces no me alcanzaba por mis niños, después de un tiempo encontré a una señora que me ofreció su casa, me dio un lugar en una salita pequeña. Sólo teníamos una camita que ella misma nos regaló, la ropa de nosotros la guardábamos en bolsas negras para basura, no teníamos forma de cocinar. Mis niños y yo nada más comíamos pan y tomábamos malta, eso era todo nuestro alimento. Cuando salía a trabajar dejaba a mis hijos con una señora, me tranquiliza saber que mis hijos comían mejor con la señora que los cuidaba. A veces mis hijos eran traviesos, en ocasiones la señora les llamaba la atención. Un día Oswaldo le pidió un poco de cereal, la señora le dio uno que a él no le gustó, él quería el mismo que comía su hermana. Como él se puso a llorar, la señora enojada lo metió a bañar en la tina del baño. Le puso hielo al agua para bañarlo, según ella para que no hiciera más berrinches. ¡Eso aún me duele!

A mí no me dijeron nada, después de un tiempo me enteré. A mi madre no le dije que me había reunido con Rosendo, pero ella se había enterado por otras personas. Cuando mi madre se enteró de que nos habíamos separado, ella tomó unas fotografías de los niños, que hace un tiempo le había mandado y se la llevó al cura de la parroquia en Ecuador y así poder obligar a Rosendo a que reconociera a sus hijos. El cura hizo lo necesario, pero Rosendo simplemente reconoció a Fernanda, y negó haber vivido conmigo. También negó ser el padre de mi Oswaldo.

Volví encontrarme con mi hermano Rafael y me dijo que sería mejor que me fuera para el Ecuador, me decía: «Vete para allá, aquí te va a ser muy difícil con los dos niños, ¿quién te los va a cuidar?». Yo esperaba que mi hermano me apoyara, que me dijera que sí podría salir adelante, pero no fue así. No me apoyó.

Seguí vendiendo helados para tratar de juntar dinero. Como no comíamos bien, sólo malta y pan como desayuno, junté un poco más para ponerme mi dentadura y poder bautizar a Oswaldo. Cuando logré ponerme mis dientes, al mes siguiente bauticé a mi hijo.

Estuve viviendo en el cuartito en las peores condiciones que se puedan imaginar. Volví a ver por esos días a un muchacho llamado Martín, un sobrino de don Guillermo, un señor que compartía el apartamento con don Rodolfo.

Nunca habíamos hablado, sólo nos conocíamos de vista. Una tarde que yo regresaba del trabajo, luego de recoger a mis niños, nos encontramos y me invitó a comer con mis niños. Me dijo que me andaba buscando, ya que él sabía de mi problema y me quería ayudar. Por supuesto que no le creí, pero miraba a mis niños, sus miradas inocentes ya habían sufrido demasiado. Comenzamos a conocernos, salíamos a comer en ocasiones. Después de dos meses nos volvimos a encontrar. Era un domingo lluvioso, no había ido a trabajar. Él estaba estacionado en su carro y me llamó. Me preguntó qué había pensado de lo que me propuso. Me había propuesto que viviéramos juntos. Creo que la desesperación de ver a mis hijos sin un hogar, viviendo simplemente de maltas y pan me hicieron aceptar. Cometí el error de aceptarlo por mis niños. Él me decía: «Tranquila, todo va estar bien, verás que no te vas arrepentir». Así que buscamos un apartamento, encontramos uno por la 103 St. Así comienza otro amargo capítulo de mi vida.

Capítulo XVII

«Es muy común que las mujeres piensen que soportar el maltrato y la crueldad y luego perdonar y olvidar es una muestra de compromiso y amor. Pero cuando amamos bien sabemos que la única respuesta sana y amorosa al abuso es alejarnos de quien nos hace daño»,

Bell Hooks.

Cuando empecé a vivir con Martín, creía que de verdad mi vida iba a cambiar. Él trabajaba en construcción, yo seguía vendiendo helados. Todo parecía increíble, yo lo miraba muy cariñoso con los niños, compartía mucho con Fernanda y le gustaba cargar en brazos a Oswaldo. Lo veía y me daba alegría tener una nueva familia. Él era muy cariñoso a pesar de no ser el padre de mis hijos. En ese tiempo era feliz, me iba al trabajo con muchas ganas y sin ninguna preocupación. ¡La pesadilla había terminado!

Después de un año más o menos, él empezó a cambiar y yo estaba embarazada. Martín no quiso saber nada del bebé. Un día llegó borracho y empezó a golpearme sin ningún motivo aparente. Él andaba manejando una van, estaba borracho. Él me había llamado para que lo fuera buscar, pero yo no fui. Entonces cuando llegó me empezó a golpear, me dio de patadas y puñetazos y me tiró al piso. Tirada en el suelo siguió pateándome. Yo sólo trataba de cubrir mi estómago, no quería perder a mi bebé. Pero todo fue inútil, de tantos golpes que me dio lo perdí. Tenía dos meses de embarazo.

El tiempo siguió su inexorable curso y cada vez que Martín llegaba me golpeaba y al siguiente día sólo se disculpaba. Y yo de tonta, siempre lo perdonaba, creyendo que eso iba a cambiar. Eran casi dos años de maltrato físico y verbal, había quedado embarazada nuevamente. En algunas ocasiones que él me golpeaba, los vecinos del primer piso me auxiliaban. Un día me golpeó salvajemente, me dejó sangrando y los vecinos llamaron a la policía, también mis niños habían marcado al 911. Ellos siempre se asustaban por lo que veían, se estaban traumando y lo peor es que yo no ponía un alto a ese problema.

Una vez hasta llegaron los trabajadores sociales y empezaron a hacer preguntas. A mí me dio miedo y no les dije nada. Entonces me dijeron que querían hablar con los niños, no pude decir que no. Los llevaron a un cuarto y les hicieron muchas preguntas, no sé qué tanto hablaron. Los trabajadores se fueron. Ya estaban enterados de que Martín me golpeaba. Me asusté cuando al siguiente día llegaron acompañados de un par de policías. Me sentí morir cuando me dijeron que se tenían que llevar a mis niños, que me los iban a quitar. La desesperación me ganó y me desmayé. Me dieron unos tranquilizantes, no sabía qué hacer, yo sólo lloraba por la desesperación y tuvieron que llevarme para el hospital. Cuando reaccioné busqué inmediatamente a mis hijos, pero no estaban. Una trabajadora social llegó a explicar lo que había pasado, por el momento no podía ver a los niños. Me dio una cita para el día siguiente para ir a la corte.

El juez me dijo: «¡Los niños no pueden seguir viviendo así! Usted tiene que decidir entre los niños o Martín». Estaba muy alterada y desesperada. Martín me había acompañado, ese día me notificaron que me iban a investigar, ya que alguien había llamado a la Ciudad y habían denunciado por el maltrato a mis niños. El juez me dijo que los niños corrían un gran peligro y que ante esta situación debían protegerlos.

Me dieron permiso para ver a mis niños los días miércoles. Eso sería hasta que terminaran las investigaciones. No pude hacer nada, tan sólo verlos los días que me dijeron. Cuando pude ver a mis niños lloré de alegría, los abracé mucho, y les pedí que me perdonaran. Sólo me daban treinta minutos para estar con ellos. Mis hijos también me pedían que me tranquilizara.

Un jueves tenía cita con el juez, tenía mucho miedo, ya no sabía qué iba a pasar, sólo rezaba en silencio, le pedía a Dios que me ayudara y que mis oraciones fueran escuchadas. El juez determinó que me iba a devolver a mis niños, pero con una condición: Martín se tenía que ir de la casa. A Martín le pusieron orden de restricción y no podía estar cerca de nosotros. Él no quería comprender, entonces le pedí a Martín que se pusiera en mi lugar y decidió marcharse. El juez le dijo a Martín que no podía acercarse a los niños, a mí me mandaron a recibir terapias y asistir a charlas sobre violencia doméstica.

Los niños me los entregarían el día viernes a las cinco de la tarde. Me mandaron para la Corte de Familia en Jamaica para hacer los trámites. Así que el día llegó y salí muy temprano. Me mandaron a Manhattan a un lugar muy cerca del río, no sabía dónde era, pero preguntando llegué.

Por fin estaba con mis niños, aunque nadie sabía que en mi vientre venía ya otro bebé. Me puse a trabajar muy duro para que a mis hijos no les faltara nada, una señora los cuidaba. Faltaban como dos semanas para mi alumbramiento cuando me dijeron que la renta subiría. Me cayó como un balde de agua fría, eso no lo esperaba. En el trabajo también trabajaban unos familiares de Martín y ofrecieron ayudarme, me fui a vivir con ellos por la 107 St. y Northen Boulevard.

Ya casi estaba por nacer mi bebé, comencé a sentir complicaciones, salí enseguida al hospital en Manhattan y di a luz a otra linda bebé. Estaba sola y muy triste. Regresé a la casa y salí a buscar comida para mis otros niños. Al otro día tuve que salir a trabajar, no podía tomar ningún reposo. Mis hijos dependían sólo de mí. A la semana de nacida Natalia, la llevé a revisión médica. De regreso pasé por mis niños a la escuela, y seguía trabajando igual.

Cierta vez, regresando del trabajo me encontré con Martín, me pidió que habláramos, ya que me quería ayudar por la bebé. La situación en la que estaba no era nada fácil. Sí necesitaba ayuda, pero tenía dudas. Me dijo que estaba arrepentido y que quería vivir conmigo. No le creí, ya que tiempo atrás cuando se enteró que estaba embarazada se había molestado mucho. Incluso me había llevado 200 dólares, que me aventó en la cara, gritando: «¡Toma para que te saques a ese bebé! No debes tener ese bebé, tú no puedes. Mi mujer debe tener únicamente a mis hijos, no voy a tener hijos con una mujer que le parió a otro». Todo eso regreso a mi mente en ese momento. Pero a él parecía que se le había olvidado todo. Al siguiente día tenía otra cita para Natalia. Regresé como a las dos de la tarde y pasé al *daycare* por Oswaldo. Cuando entré a la oficina, me avisaron que a Oswaldo se lo habían llevado unos trabajadores de la Ciudad. Me habían dejado una carta, donde también me avisaron que se llevarían a mis niños, me sentí morir. Natalia sólo tenía unas dos semanas de nacida. Me quería morir. ¡Qué dolor tan grande era para mí!

Fui a Jamaica, cuando llegué, ya me estaban esperando. Pregunté por Oswaldo y cómo estaba. Estaba bien, les supliqué que me ayudaran, ya que no quería separarme de mis niños. «Vamos a investigar primero», me dijeron. Fueron a la casa para ver las condiciones si estaba acta para tener niños. Me dijeron que debía de tener una cunita y ropita suficiente para la bebé. Sólo por no tener eso e insuficiente comida me quitaron a mis niños más de tres semanas, hasta que pude conseguir lo necesario. Esa espera fue una eternidad.

Me devolvieron a mis niños con la condición de que tomara clases de consejería sobre violencia doméstica y terapias. Esas clases me ayudaron mucho. Cambié de trabajo. Me puse a vender tamales, le ayudaba a una señora que vendía en varios lugares. Los niños los dejaba con otra señora y salía a vender los tamales, siempre con el miedo y rehuyendo de los policías que no permitían a vendedores ambulantes. Una de tantas veces me agarraron y estuve presa por 24 horas. Por más que les suplicaba que me dejaran libre por mis niños, hicieron caso omiso. Después de salir regresé con mis hijos. Al otro día regresé a trabajar. Era más mi necesidad que el miedo. Esta vez ya no eran tamales, eran helados, los podía vender sin descuidar tanto a mis hijos. Al mes siguiente me volvió a coger presa la policía, 12 horas y una multa. Así que cambié de rumbo y me fui para Brooklyn. Era más lejos, pero ya no quería arriesgarme. Todo aparentemente estaba mejorando.

Como a los ocho meses, Martín me buscó, él sabía que tenía orden de restricción, pero insistía que quería ver a la nena. Él tenía que venir de New Jersey, no podía negarme a que él viera a su hija. Me puse en su lugar, así como a mí me dolió separarme de mis niños, así debía de dolerle a él. Venía una o dos veces a la semana, después de un tiempo comenzó a quedarse más días con nosotros. Yo seguía mi rutina llevando a Oswaldo al *day-care* y a Fernanda a la escuelita. Natalia me la cuidaba una señora que conocía.

Recuerdo una vez que salí a trabajar, estaba un poco nublado, debido al mal tiempo no pudimos trabajar y nos regresaron. Volví a la casa para después pasar por mis niños y salir con ellos a comprar algunas cositas. Antes de entrar al edificio, vi el carro de Martín estacionado, estaba como a dos cuadras. Pensé: «Tampoco pudo trabajar». Subí al segundo piso, al apartamento, entré y no vi a nadie. Cuando entré a mi cuarto lo vi teniendo relaciones sexuales con su prima en mi propia cama. No lo podía creer, estaba enfurecida y les reclamé a los dos. Me fui contra la mujer, él me cerró el paso y de un jalón me comenzó a golpear la cara. Ella salió corriendo y yo la seguí, pero, él me alcanzó y me golpeó mucho más. Al verme en el piso y sin poder moverme, se asustó y salió corriendo. No sé cuánto tiempo pasó. Cuando recuperé la conciencia me dolía todo el cuerpo, pero más me dolió fue la burla, el abuso de confianza y haber confiado otra vez en él. Después de eso me fui a recoger a mis niños como si nada, no quería que supieran lo que había pasado conmigo. De regreso me puse a cocinar para darles de comer. No podía estar tranquila, lloraba en silencio por tanto dolor y coraje. Me hice fuerte, no quería que mis niños me vieran sufrir. Martín regresó como a las cinco de la tarde, pero entró y fue directo al cuarto de su prima. Ella compartía el departamento con nosotros y otro señor. Tardaron hablando, después de un rato él vino hacia mí. Estaba furioso y comenzó a regañarme. En lugar de que yo le reclamara por su infidelidad, me reclamó que por qué yo le quería golpear a su amante, y la verdad no me dejé. También le respondí con reclamos. Eso subió de tono y terminamos peleando otra vez. Él era más fuerte que yo, tenía ventaja. Me doblé cuando me dio una patada en el estómago, me sacó el aire, cuando me incliné por el golpe, recibí un puñetazo en la cara, el cual me rompió la nariz. Me defendí como pude, pero él me desgarró la blusa que traía puesta. Yo estaba bañada en mi propia sangre. El vecino con el que compartíamos departamento llegaba en ese instante y nos separó, lo jaló para adentro de su cuarto. Mientras, yo quedé lastimada mirando a mis hijos asustados y llorando por lo que habían visto. Le pedí a mis niños que me pasaran el teléfono. Aprovechando que él aún estaba ahí, llamé a la policía. Todo se me nubló, me estaba desmayado, pero mis hijos me jalonearon para reaccionar.

La policía llegó y me preguntaron si estaba bien. No estaba bien. Uno de ellos me dijo: «Señora usted tiene un gran problema o se queda con él o con sus niños. No lo dude ni un instante». Les dije gritando «¡Me quedo con mis niños! A esa basura de hombre la quiero lejos de mí».

Los policías se lo llevaron arrestado, acusado de violencia doméstica. Él gritaba que se las pagaría y que eso no se iba a quedar así, que cuando él saliera me iba a matar. Me dio mucho miedo y estaba preocupada. Los policías lo escucharon y me dijeron: «No se preocupe, que ahora tendrá más cargos por amenazas. Todo lo que diga será usado en su contra». Se fueron, abracé a mis niños y volvimos a quedarnos solos. Estaba sola como siempre.

Capítulo XVIII

«Los hombres temen que las mujeres se rían de
ellos. Las mujeres temen que los hombres las asesinen»,
Margaret Atwood.

Yo empecé a recibir ayuda de la Ciudad, pero tuve
que irme a un refugio en Brooklyn. Con tantos problemas yo descuidé a mi hijo José, que estaba en Ecuador.
Casi no le hablaba y tampoco le mandaba dinero. Mi madre tenía que velar por él. Mis hermanas lo veían como
un aprovechado y lo molestaban cada vez que podían.
Muchas veces lo pusieron en mi contra, hablaban muy
mal de mí y le decían que yo no lo quería. Ellas me difa-
maron y pusieron a mi hijo en mi contra. Yo no me en-
teraba qué pasaba.

Yo estaba muy preocupada, pues no sabía qué iba
a pasar con mis niños. Cuando llegamos al refugio nos
hicieron muchas preguntas. Las personas que nos atendieron fueron muy amables. Nos dieron un cuarto, en él
había una cama litera, una cama y una cuna. También
nos dieron ropa y comida, entre otras cosas. Nuestra vida
otra vez tomaba un nuevo giro. La verdad, nos sentíamos
raros en ese lugar, había muchísima gente de diferentes
razas y hablaban en diferentes idiomas. Todos nos
reuníamos a la hora de desayunar en el sótano. Todos
teníamos que compartir el baño, teníamos que hacer a
veces una fila para poder ingresar. Para mí era difícil al
principio, todo eso era muy diferente. Me preguntaba si

valía la pena haber venido a sufrir tanto. No podía llorar sobre la leche derramada, mis niños me necesitaban.

Muchas veces a la hora de la comida, no teníamos donde comer, así que mis hijos y yo teníamos que comer paraditos en una esquina del lugar o en el piso. Miraba a los niños cómo comían y llenos de inocencia, lejos de saber lo que en realidad estábamos pasando. Las lágrimas que no aguantaba salían y otras me las tragaba, pero decidí demostrarle a ellos que yo era más fuerte que las circunstancias. Mis hijos eran inquietos y como no salíamos mucho, ellos estaban estresados. Les gustaba andar corriendo por el lugar, a veces eran molestados por niños más grandes que ellos y a mí me irritaba esa situación. Yo tampoco conocía a nadie en el lugar, sólo a la trabajadora, Priscila se llamaba. Le comenté que me sentía muy mal, me molestaban otras personas que llevaban más tiempo en el lugar.

De nuevo me sentí impotente por no poder cambiar la situación en la que estábamos viviendo. Ella me escuchó muy amablemente, yo estaba desesperada, quería que cambiara mi vida inmediatamente. Priscila me pidió que me aguantara un poco más, que yo no hiciera caso de las personas que me insultaban o me agredían verbalmente. «Hazlo por tus hijos, piensa en su futuro. Esta pesadilla va a terminar. Ten paciencia», me decía. Ella me ayudó para que yo recibiera terapias y clases de consejería sobre violencia doméstica. «Será mientras los niños estén en la escuela», me recomendó. Los niños iban a la escuela cerca del refugio, yo los iba a dejar todos los días y asistía a las terapia tres veces a la semana. Nunca me cansé de pedirle a Dios que me ayudara, le pedía todos los días para que nuestras vidas cambiaran.

La espera se me hacía una eternidad, el tiempo en el refugio era estresante. Miraba a las mismas personas, vivía los mismos problemas y nada parecía cambiar, pero Priscila me daba aliento de seguir adelante. Un día ella me dijo que me había conseguido una aplicación para un apartamento, pero yo no le creí nada. Ya había perdido hasta la fe, me habían ofrecido eso antes y no pasaba nada.

Yo guardaba la bolsa de compras que me daban los fines de semana. Priscila me decía que me podía llevar eso cuando me fuera. Un día que ya había llevado a los niños a la escuela, y sólo estaba con Natalia, escuché que me llamaban por el altavoz, salí enseguida a ver qué pasaba. Era Priscila, me dijo: «Toma, Cruz, esta tarjeta te va a cambiar la vida y la de tus niños. Tú podrás comprar comida para ti y los niños y no sólo eso, podrás tener cada mes la misma cantidad». Casi se me salen las lágrimas, no podía creerlo, le di las gracias a Priscila y a toda la gente que trabajaba en ese lugar, luego le di un fuerte abrazo.

Ella no dejaba que yo fuera tan negativa y todo el tiempo me motivaba. Ella me dijo: «Cruz, ya casi sale tu apartamento». Después de tres semanas ella misma me dio la noticia, de que la petición del apartamento había sido aprobada, pero tenía que esperar un poco más.

Era el 11 de septiembre del año 2001, yo había ido a dejar a Fernanda a la escuela y a Oswaldo al *daycare*. De regreso a mi cuarto me dispuse a dar de comer a Natalia, pero escuché un ruido muy fuerte, fuera de lo normal. Abrí la puerta y vi pasar a mucha gente rumbo al techo del lugar. No entendía qué estaba pasando, pero me empecé asustar. Priscila llegó y me dijo que algo grande había pasado, que si quería que subiera al techo, pero que fuera por los niños. Me dijo que era un incendio. Yo subí desconcertada, quería salir de dudas. En eso alcancé a ver a lo lejos cómo un avión se estrellaba contra un edificio, era una de las Torres Gemelas. Me quedé sin palabras al igual que todos, asustada vi cómo se producía una explosión en el edificio. Vi que no era un incendio simplemente, entonces empecé a bajar y fui a recoger a los niños. Cuando regresé subí al techo del refugio, me llevé a los niños conmigo, no sabía qué iba a pasar. Vimos atónitos cómo la gente se tiraba desde las alturas, desesperadas por escapar. Enseguida se derrumbó la torre que había sido impactada por el avión. Cuando eso pasó, todos entramos en *shock*, nadie decía nada, todo era silencio, sólo nos mirábamos unos a otros. La tristeza nos empezó a invadir y muchos llorábamos, otros rezaban, era todo muy conmovedor. Fue un momento muy difícil de olvidar. Después se estrelló otro avión y más tarde se derrumbó la otra torre. La gente se tiraba por las ventanas con algunas bolsas plásticas tratando de salvarse. Alguien pidió que rezáramos y así lo empezamos a hacer.

Muy de tarde regresamos a nuestras habitaciones. La señora que cocinaba tuvo que salir de emergencia, su hijo trabajaba cerca de las torres. Como no se cocinó ese día por el caos que hubo, me pidieron que acompañara a comprar comida para todos. La verdad, hasta el hambre se nos había ido. Yo no dejaba de temblar.

Después de dos semanas me avisaron que me iban a dar mi apartamento, yo empecé a buscarlo enseguida. Aprovechaba mi estancia en el refugio y decidí buscar antes de que me llegaran los papeles. No me importaba que hiciera frío o que pasara hambre, yo quería que mi vida cambiara ya. Busqué en Brooklyn, en Queens y en El Bronx. Era el 24 de octubre cuando encontré uno disponible en El Bronx. Ese día era el cumpleaños de Fernanda, y lo celebramos en el refugio; esos momentos me rompían el alma, no podía darle algo mejor a mi pequeña, ni siquiera por ser su cumpleaños.

Priscila siempre estuvo pendiente de mí y me daba ánimos cuando me ganaba la tristeza. Llegó también el Día de Acción de Gracias, a mí me dieron un pavo para cocinarlo, pero no tenía donde hacerlo, así que se lo regalé a la señora que hacía la limpieza. Ya en Navidad me dieron el baucher para que yo buscara mi apartamento. Busqué en un *realestate*, pero como eran días de fiesta el proceso iba hacer un poco lento. El día 29 de diciembre me llamó Priscila y me dijo «Cruz, vas a tener que empacar tus cosas, te vas del refugio, te tienes que mudar. La cita es para el 1 de enero, tienes que comprar los muebles y todo lo que sea necesario para tu apartamento. Después regresas y te llevas las cosas que tienes aquí». Estábamos felices los niños y yo, ese día no los mandé a la escuela. Eran las cuatro de la tarde cuando llegó un camión trayendo los artículos que había comprado. Las cosas que tenía en el refugio más tarde las llevaría. Ya era el día 3 de enero, día de mi cumpleaños, empecé a bajar mis cosas del refugio y me disponía a mudarme. Salimos a pleno mediodía muy contentos. Me dio gusto ver a mis hijos llenos de alegría y esperanza, estábamos por fin en nuestro apartamento. Era el cumpleaños más feliz de mi vida. Aunque sólo lo sabía yo, y también Priscila, que me llamó más tarde regañándome por no avisarle. Ella me decía que me iban a celebrar, le dije:

—Les agradezco todo, pero ya me han dado el regalo más grande. Nunca voy a olvidar lo que hacen por mí.

—Buena suerte, disfruta de tu nueva vida. ¡Sé feliz!

—Gracias, de verdad, gracias. No sé cómo agradecerle todo lo que ha hecho por mí.

Al terminar la llamada, lágrimas de felicidad bañaban mi rostro y mis ganas de un futuro mejor resurgían como el fénix.

Capítulo XIX

«El amor jamás golpea», **Laura Iglesia San Martín**.

Era hora de buscar una escuela para Fernanda y un *daycare* para Oswaldo, me mudé por la 182 St. y 3a Av. Natalia se quedaba conmigo. Pasó rápido un mes y yo no encontraba trabajo. Volví a contactar a mis viejos compañeros de trabajo y regresé a vender helados en Brooklyn. Todos los días llevaba a los niños a la escuelita y a Natalia la dejaba con una señora, me iba al trabajo a las diez de la mañana y volvía a las cinco de la tarde. Esa era mi rutina, pero cuando los niños tenían cita médica o algo en la escuela yo no iba a trabajar.

Los casi cuatro meses transcurrieron en un abrir y cerrar de ojos. Ese día había hecho mi rutina mañanera, yo desde Brooklyn llamé a la señora que me cuidaba a los niños. Siempre llamaba a la misma hora. Lo hacía cuando ya estaba a punto de guardar mi carrito de helados, pero esa vez me quedé preocupada cuando me contestó la señora:

—Doña Cruz, ¿ya viene?

—No, aún no —respondí.

—Venga rápido, por favor.

—¿Qué paso?

—Oswaldo tuvo un accidente en el *daycare*. Se cayó, se rompió la nariz y tiene muy lastimado un ojo.

Aún no llegaba el señor que se encargaba de los carritos, así que dejé el carrito en una tienda, le pedí a una persona que lo entregara por mí y me dispuse a regresar lo más pronto posible. Iba muy preocupada, no sabía qué era lo que realmente había pasado. La señora que me los cuidaba se asustó y apenas llegué me dijo: «Yo no tuve que ver nada con lo que pasó, eso fue en el *daycare* donde se lastimó». Enseguida salí hacia el hospital, llegando allá la policía ya estaba esperándome, me empezaron a interrogar y también a la señora que los cuidaba. Ellos fueron al *daycare* a investigar y comprobaron que sí era cierto que se accidentó allí. Me avisaron que iban a investigar. Me recomendaron un centro de apoyo y servicios, conocí por primera vez el Puerto Rican Family Institut Program. Me mandaron ahí a recibir terapias, estaba muy afectada por lo que le había pasado a Oswaldo. Parecía como si la vida estuviera enojada conmigo, nos dieron consejería a los niños y a mí. La verdad, me ayudaron muchísimo las terapias con los consejeros.

Todos salíamos juntos cuando se podía, salíamos a los parques o a comer algo. Disfrutábamos más los momentos en familia. Duré como dos años recibiendo ayuda en el centro. Me alegró recibir la ayuda, no quería que mi vida se destrozara más. Acepté lo que me había pasado y me propuse cambiar de vida.

Mis compañeros de trabajo eran amigos o familiares de Martín y él nos encontró por ellos. Yo estaba resentida con él, a pesar de ser el padre de Natalia. Me traía malos recuerdos su presencia, pensaba que era el culpable de nuestra situación.

Él se apareció un día acompañado de sus hermanas «Sólo vine a ver a Natalia y a los niños», dijo. Yo como para recibirlos, hice una cena. Terminando de cenar ellos se marcharon, pero él volvió al otro día. Nos sentamos a platicar, me dijo que estaba muy arrepentido, que había cambiado y que le diera otra oportunidad, que era mejor para los niños. ¡No le creí nada! Ya lo había dicho tantas veces y no iba a cambiar. Pero ese día no pasó nada y se marchó. Yo le di permiso para que viera a nuestra niña. Él venía cada tres días, pasaba un rato y se marchaba. Un día él me propuso que le diera permiso para que él viviera con nosotros. Yo le dije que estaba bien y que le daba una oportunidad más.

Él nunca trajo nada, sólo dos conjuntos de ropa. A veces sólo se quedaba dos días y se iba. Regresaba y lo único que me decía era que trabajaba hasta muy tarde o que se quedaba con sus hermanos. La verdad, no me importaba, yo me dedicaba a mis hijos y al trabajo, sólo me preocupaban mis niños. Él seguía con su vida aparte. La Navidad se acercaba y sus hermanas y yo hicimos planes para hacer una comida. Vinieron ellas con sus esposos y sus hijos. Ellos vivían en Nueva Jersey. A pesar de estar en mi ambiente, yo me sentía extraña. Ellos terminaron de cenar y se fueron, él se quedó. Al siguiente día se levantó y salió para trabajar. El fin de año, él y yo planeábamos pasarla juntos, comprar comida y recibir el año juntos, como una nueva familia. El día 31 de diciembre él no aparecía, como a las diez y media por teléfono lo llamé y me sorprendí porque contestó una mujer. «¿Quién eres tú?», me preguntó, le respondí: «Soy la mamá de la niña» y me colgó la llamada. Más tarde él me llamó y me dijo que no llegaría, que comiéramos sin él. Se apareció el 3 de enero.

—Lo siento mucho. Discúlpame, por favor.

—¿Quién es esa mujer que me contestó?

—Es una amiga, tomé con unos amigos y estábamos acompañados.

—Recuerda que prometiste cambiar, pero no importa —le dije con indiferencia.

—¡Discúlpame! —Sonrió.

—Está bien. Es tu vida y tú sabes lo que haces con ella.

Ese día salíamos a comer todos, pero él se quedó en la casa. Cuando volvimos, él ya no estaba. Cuando apareció, nos pusimos hablar de Natalia. Queríamos bautizarla y ese día yo quería que quedáramos de acuerdo. Fuimos a Nueva Jersey a casa de su hermana para que hicieran el favor de ser los padrinos. Ellos aceptaron y bautizamos a Natalia como al mes.

Él no cambiaba, hacía lo mismo, salía, se iba y volvía cuando quería. Los familiares de él empezaron a frecuentar la casa. Una de sus hermanas le daba consejos y le pedía que cambiara, que aprovechara la oportunidad que yo le había dado. Algunas veces las hermanas de Martín venían de New Jersey, venían a la casa y preparábamos comida para pasarla bien. El hermano de él, vivía en Queens y Martín se quedaba allá cuando no venía a la casa. Su hermano empezó a visitarme, él quería traer a la novia desde Ecuador. Un día su hermana me llamó para que hiciéramos el cumpleaños de Martín y nos pusimos de acuerdo. Preparamos comida en la casa para celebrar, pero noté que él y su hermano estaban como disgustados. Después supe que era por dinero, que la novia venía y no tenían para pagar la cruzada. Después hablaron conmigo y me enteré de que les faltaba dinero. Ellos querían que yo les prestara. La verdad, yo tenía un poco, pero era para mi hijo José, no había podido mandarle porque ni mis hermanas ni mi mamá querían recibir el dinero. José era menor de edad, así que ese dinero no podía mandarlo. No les presté nada, no me daban confianza y además lo había dispuesto para mi José.

Una noche, Martín me llamó y me avisó que se iba para New Jersey a encontrar a la novia de su hermano como a las dos de la mañana. Él me llamó que estaba en Migración con sus hermanas, que también habían ido al aeropuerto. La muchacha logró llegar y la llevaron a su casa. Martín estaba preocupado por su hermano, ya que había mostrado unos papeles falsos. Nuevamente me llamó como a las cinco de la mañana para avisarme que ya había salido y que iba a pasar por la muchacha. Como a las once de la mañana fueron llegando a la casa. Yo no fui a trabajar, él me dijo que ya no tenía dinero y que si le hacía el favor de prestarle dinero para que la muchacha se comprara algo de ropa, le dije que estaba bien y salimos para Queens para comprar lo que a ella le hacía falta. Martín nos llevó en su carro, yo misma le compré la ropa y de regreso ella se quedó en la casa.

La muchacha se quedó a vivir en Queens en el apartamento donde el hermano de Martín vivía, ella no conseguía trabajo y Martín traía a la muchacha, según porque estaba aburrida y no tenía con quien platicar. Mientras su hermano estaba preso, Martín se preocupó por la muchacha. Como a los siete meses el hermano de Martín fue deportado para el Ecuador.

Capítulo XX

«Mi silencio no me protegió. Tu silencio no te protegerá», **Audre Lorde**.

Cuando Martín venía con la novia de su hermano al Bronx, me decía que iba a Queens a cobrar la renta de unos cuartos que habían rentado en el apartamento, que sólo así se habían podido ayudar, ya que su hermano había sido deportado. Yo por mi parte seguí trabajando en la venta de helados y también me puse a reciclar botellas.

Cierto día yo tuve que salir más temprano de lo acostumbrado, yo dejé a mis niños en la casa y la señora que los cuidaba los iba a recoger más tarde. Tenía un presentimiento y algo me preocupaba, pero no sabía qué era. Entonces llamé a mediodía, cuando llamé a la casa me contestó Fernanda y me dijo que la señora no había llegado y asustada me comentó: «¡Mami, hay un incendio! El humo se está metiendo en la casa». Me puse a temblar, casi me desmayaba, me preocupaba la vida de mis niños. Yo llamé a la señora enseguida, ella me contestó que ya iba en camino. Yo estaba impaciente y dejé el carrito en el depósito y me regresé inmediatamente. De camino a la casa le volví a llamar, ella me contestó que los niños ya estaban con ella.

Sentí un gran alivio. Yo venía en el tren y las paradas se me hacían una eternidad. Cuando llegué a la casa de la señora y vi a mis niños, volví a la vida. Entonces de ahí en adelante, me prometí que yo no iba a dejar más a mis niños solos. Un poco después, llamé al señor de los helados para decirle que ya no iba a trabajar. Empecé a reciclar botellas y latas siempre acompañada de mis hijos o cuando los niños estaban en la escuela. Como al tercer día, Martín se apareció y preguntó que si ya no iba a trabajar más vendiendo helados, le dije que no y le conté todo lo que pasó mientras él no estaba. Pero él sólo sonrió burlándose. Yo estaba preocupada y le pedí que me ayudara con un poco de dinero. Él no hacía ninguna ayuda en la casa, entonces, en mi situación le pedí que me ayudara un poco con los gastos. No me dijo nada, sólo se sonrió y se fue, al ver su reacción ya no le dije nada.

Me dediqué a trabajar más duro, empecé a reciclar en la mañana y por la tarde. Por esos días llegó uno de mis cuñados del Ecuador, él era esposo de mi hermana Rocío. Martín me acompañó a recogerlo al aeropuerto de New Jersey. Cuando volvimos, se quedó en la casa. Martín empezó a quedarse más tiempo con nosotros para no quedar mal con mi cuñado. Yo creí que iba a cambiar. Mi cuñado no encontraba trabajo y por la desesperación también se puso a reciclar, así lo hizo durante dos meses aproximadamente, hasta que Martín lo llevó a donde él trabajaba. Eduardo, mi cuñado, tardó trabajando como cuatro meses y se mudó de la casa, se fue para Long Island. Después de que él se fue, Martín volvió a ser el mismo de antes, a veces ni llegaba y empezaba a desaparecer más seguido.

Algo pasó conmigo, pues a pesar de estarme cuidando quedé embarazada nuevamente. Sólo que yo no lo sabía, lo supe por un dolor que me dio cuando estaba reciclando. Nati andaba conmigo, y la montaba en el carrito de compras. La verdad, no le hice caso al dolor, pero más tarde me sentí muy mal y fui al hospital de emergencia.

Martín estaba en la casa, pero a él no le importó mi estado y se fue a trabajar. Me hicieron unos exámenes y los resultados me sorprendieron. Estaba embarazada, ¿cómo era posible si tenía un dispositivo anticonceptivo? Los doctores me dijeron que eran dos bebes, pero que uno había muerto y tenían que sacarlo para no poner en riesgo a mi otro bebé. No les creí y me salí del hospital. Regresé a la casa y fui a recoger a los niños, más tarde cociné y luego nos fuimos a dormir. Al otro día me fui para Manhattan, al hospital. En la tarde, Martín me preguntó qué tenía y le dije lo del embarazo, creyendo que le iba alegrar. Él reaccionó muy molesto y me dijo tajantemente: «¡Tienes que sacarte a los dos! Por tu bien y el mío». No creí que fuera verdad lo que había escuchado, le respondí que no, que no quería perder a mi bebé. Lo ignoré y decidí que mi bebito naciera, a pesar de ser riesgoso para mí.

Ya no tenía dinero, no había trabajado y sólo tenía para dos viajes; recientemente había mandado dinero para hacer la Primera Comunión de mi hijo José en Ecuador.

Yo estaba en el hospital, y los doctores me dijeron que iba a ser complicado lo que harían, me preguntaron si yo iba aguantar. «¡No habrá anestesia! No le queremos hacer daño al bebé vivo». Acepté. Entré al quirófano como a las nueve de la mañana y salí a las dos de la tarde. Me pidieron que me quedara, pero les solicité que me dejaran salir por mis hijos. El bebé perdido era varón, lograron salvar a la otra bebé, pero no podían asegurarme que naciera. Un milagro era lo único que podía esperar. Hice una llamada a la señora que me cuidaba los niños, ella me dijo que Martín no había aparecido y que los niños estaban aún con ella. Yo les rogué a los médicos que me dejaran ir, estaba muy débil y era riesgoso. Me dijeron que sí podía salir, pero tenía que firmar unos papeles exonerando al hospital de cualquier percance, no querían ser responsables de lo que me sucediera por salir antes de tiempo.

Salí caminando hasta la Primera Avenida, el hospital estaba en la Quinta Avenida, era un largo recorrido y en mis condiciones más aún. Cuando iba caminando, en ocasiones me quería desmayar, se me acababan las fuerzas, me sentía muy débil, pero mis hijos me esperaban. Tomé el bus M15 hasta la 125 St. y el BX 15 hasta El Bronx. Sólo me quedó un pasaje, bajé del bus y fui a recoger a los niños.

La señora que me cuidaba a los niños me preguntó que si estaba bien, ya que me veía muy débil y un poco mareada. Ella me ofreció de comer para que me sintiera mejor. Le pidió a sus hijos que me ayudaran a llegar a la casa. Ya en la casa, les preparé una sopita a los niños, les di de comer y los mandé a dormir. Cuando ya estaban acostados, me puse a buscar señales de Martín, no sabía nada de él. Él guardaba un fólder y algunos papeles, los busqué, pero ya no estaban. Busqué su poca ropa y no la encontré, sólo una carta. Ahí supe que él se había ido de la casa, en eso sonó el teléfono y Fernanda se levantó.

Era mi amiga Laura que me andaba buscando. Nos pusimos a hablar y me preguntó que cómo yo estaba, le dije que bien, pero no me creyó por el tono de mi voz. Ella me dijo: «Espérame, que ya voy para tu casa». Cuando llegó se sorprendió de verme, lo noté en su rostro. Me dio su apoyo y me dio algunos consejos: «Ya va a pasar este mal momento. Mañana será otro día». Ella vendía unos productos de nutrición y los usaba todos los días, ella me regaló un botecito de proteínas y me dijo que me lo tomara, que eso me iba ayudar mucho.

Ella se fue muy tarde de la casa. Fernanda se fue a dormir después de que ella se fue. No me había dado tiempo de leer la carta, y comencé a leerla, en ella me explicaba que él se iba definitivamente de la casa. Iba a hacer su vida al lado de la novia del hermano. En la carta decía «Yo he visto que eres una buena madre, que quieres a tus hijos, sé que no los vas a abandonar. No me busques». Empecé a romper la carta tratando de descargar mi coraje, ¡cómo era posible que otra vez me volviera a engañar y se burlara de mí! Boté los pedazos a la basura, busqué un cuaderno, rompí una hoja y me dispuse a escribir una carta. Era para Laura, en esa carta le pedía que cuidara a mis niños y que si era posible que los mandara para Ecuador, que no me buscara, que yo me iría a otro lado, donde yo estaría mucho mejor. Era una carta de despedida, yo iba a usar el último pasaje que me quedaba, me iba a ir a Brooklyn para tirarme del puente y morirme de una buena vez.

Sentí la necesidad de morir, me sentía culpable, todo era sufrimiento y ya no podía más, ya ni lágrimas me salían, estaba cansada y la depresión me estaba ganando. Puse la carta debajo de la almohada de Fernanda, tomé mis zapatos para no hacer ruido y me puse el *jacket,* pues hacía frío. Estaba a punto de salir y volteé para ver por última vez a mis hijos, estaban dormidos, la luz de la calle se reflejaba en sus caritas inocentes. Eran como unos angelitos, lejos de saber lo que yo pensaba hacer. Al tratar de cruzar la puerta, algo me detuvo, no

[91]

pude cruzar la puerta, era como si ellos me gritaran que no me fuera. Pero había algo en la puerta que me impedía cruzarla. Creo que era Dios, me di la vuelta y fui abrazar a mis hijos, llorando les pedía perdón por lo que estuve a punto de hacer, tomé la carta y la rompí. Pedí perdón a Dios por la locura que pensé hacer.

Al día siguiente empecé otra vez mi rutina. Llevé a los niños a la escuela y Naty se quedó conmigo. Me puse a limpiar la casa para despejar un poco la mente. No era fácil, los malos pensamientos me atormentaban. Tenía coraje contra la vida, con todo lo que me había pasado, pero me decidí a ser fuerte y a no dejar de luchar para salir adelante. Unos días después, mi amiga me llamó preguntándome si me había tomado los productos y si había sentido los cambios. La verdad, sí los tomaba, pero no me había tomado la molestia de notar los cambios hasta que ella me preguntó. Sinceramente me sentía muy bien, a pesar de todo lo que me había pasado. Los doctores me habían dicho que tuviera cuidado, que si quería que naciera mi bebé tendría que cuidarme. Yo no podía trabajar al mismo ritmo, así que mi amiga me propuso que yo trabajara con ella.

Yo no sabía cómo, pero ella me dijo que sólo compartiera mis resultados y recomendara los productos que yo tomaba. Ella me iba ayudar con un descuento, yo seguía reciclando y en una parte del tiempo hacía la venta de los productos. Aprovechaba mi tiempo y disfrutaba la compañía de los niños, nos íbamos al parque o a caminar y yo recomendaba los productos con la gente que me encontraba. Así comencé a trabajar en un empleo que me daba más libertad y me sentía satisfecha de poder ayudar a otras personas.

Capítulo XXI

«En cualquier relación de pareja que tengas, no te merece quien no te ame y menos aún quien te lastime»,
Walter Riso.

Mi embarazo siguió avanzando, gracias a tomar esos productos todo iba bien. Conseguí unos clientes y empecé a ganar un poquito más que lo que ganaba reciclando. Comencé a hablar con mi hijo José y mi mamá. Aunque a veces yo no podía hablar con ellos, ya que había momentos que ellos se enojaban por los comentarios que decía Rocío. El esposo de ella, mi cuñado que vivía acá, tenía la costumbre de informar todo lo que pasábamos, pero siempre a su manera. Entonces, casi siempre me hacía quedar mal con mi hijo y mi mamá.

Se acercaba la Navidad y quería ahorrar, pero no me alcanzaba, tenía que pagar la luz, teléfono y otros gastos. Los niños me ayudaron a reciclar. La Navidad para nosotros era como cualquier otro día. En el camino cerca de un centro comunitario, una señora se acercó a hablarme y me invitó con los niños para que a ellos les dieran unos juguetes. Cuando llegamos al lugar no hubo juguetes, pero nos dieron comida para la casa, una despensa. También nos dieron la invitación para el 25 de diciembre, para que los niños recibieran regalos. El problema era que sería en la noche, hacía frío y nevaba. Yo les platiqué que me preocupaban los niños, pero ellos se ofrecieron a venir a la casa a buscarnos. Como yo no tenía dinero para los regalos de los niños, me alegraba que por lo menos ellos iban a pasar felices la Navidad.

El año nuevo lo recibimos en la casa, pero a pesar de que para algunos eran días felices, para mí eran de sufrimiento. Estaba con mucha nostalgia y también extrañaba a mi mamá y a mi hijo en Ecuador. Llamé para Ecuador y hablaba con mi mamá para desearle un feliz año nuevo. También con mi hijo, aunque él seguía enojado.

Mi madre me preguntó si seguía viviendo sola y me aconsejó que siguiera adelante y seguí haciendo mi vida como antes, reciclaba y vendía los productos naturales. En febrero me sentía un poco mal, pero seguí trabajando. Lo poco que empecé a ganar con los productos lo ahorraba para poder comprar lo necesario para mi bebé. Aunque era dura nuestra vida, una alegría nos mantenía: ¡la llegada de mi bebé!

Mi nueva bebé iba a nacer bien gracias a los productos que yo tomaba. El día 19 como a las cuatro de la tarde se apareció Martín para aventarme un sobre de dinero. Estaba enfadado y me reclamó. Sus hermanas le habían obligado a que viniera. Él me insultó y me dijo que me dejaba el dinero para que yo me lo tragara y dejara de molestarlo. El bajó, yo tomé el sobre, salí enojada tras él, se lo tiré en la cabeza y le grité: «¡Yo no quiero limosnas, llévate tu dinero!», y él se largó.

Me sentí muy mal y llamé a una amiga que era mi vecina y le pedí que me acompañara al hospital. A mis hijos los deje con una señora. Luz aún no iba a nacer, estaba programada una cirugía para más adelante. Por la discusión con Martín me sentí mal y se adelantó el parto. Llegando al hospital, me preguntaron lo que había pasado, yo les conté lo que sucedió. Me hicieron unos chequeos y como a las cuatro de la mañana el día 20 febrero nació Luz.

Cuando me enseñaron a mi bebé, la vi tan pequeñita. Sólo pesó tres libras y dos onzas. Era prematura, nació de sólo siete meses, pero ella estaba saludable. Salí de quirófano y cuando estaba en recuperación me quedé solita y estaba muy triste. Una gran alegría por mi bebé, pero muy triste al ver que otras madres eran acompañadas por sus esposos y familiares. Me sentía impotente. Llamé para la casa para preguntar por mis hijos, los vecinos me dijeron que estaban bien. Hablé con mis niños y me preguntaron si ya había nacido la bebé, «¡Sí, ya nació!». Brincaron de alegría cuando les dije que sí. Al siguiente día volví a llamar para saber cómo estaban, pero nadie contestó. Yo me quedé preocupada, estaba pensando en dónde estaban los niños y con quién, en eso me llevé una sorpresa cuando se aparecieron ellos con los vecinos a quienes se los había encargado.

Eran como la una y media de la tarde, desde ese momento me di cuenta lo grandioso que era Dios conmigo al darme esos hijos tan maravillosos. Hablamos mucho y lloramos de alegría. Les dije que se portaran bien, «Sí, mamita», respondieron al unísono. Fernanda me dijo «Mami, te vamos a estar esperando en la casa». Ya quería irme del hospital, pero no me dejaban; era el quinto día y le pregunté a una enfermera, si yo iba a salir, «¡Señora, esperamos unos resultados y el doctor le dirá si sale o no», me dijo.

Como a las diez de la mañana llegaron unas enfermeras para decirme que me iban a dar de alta, que arreglara mis cosas. Me dijeron «Señora, alguien tiene que venir por usted, está muy débil y no se puede ir sola». No tenía a nadie de confianza, estaba sola, pero llamé a la hermana de Martín que vivía en New Jersey. Le pedí que me hiciera el favor de ir por mí al hospital. Ella no podía, entonces llamé a los padrinos de Naty. La madrina era la otra hermana de Martín. Su esposo me llamó como a los treinta minutos, mi compadre me dijo que no podía venir pronto, pero que irían. Llegaron retardados y como a las seis de la tarde estaba saliendo. Mi comadre subió primero y mi compadre se había quedado parqueando el carro. Había mucha nieve, ellos me regalaron un canastito para poder sacar a Luz del hospital. Me puse a llorar y les agradecí mucho el favor que me estaban haciendo. Cuando llegamos a la casa, los niños brincaron de regocijo, estaban muy contentos de que llegáramos con la bebé. En eso mi compadre me preguntó: «¿Dónde va a poner a la bebé». Muy triste le dije que no tenía donde ponerla: «¡Hágame un favor, compadre, vaya a comprarme la cunita. Yo aún no esperaba a la bebé, se me adelantó». Le di un poco de dinero y él salió enseguida. Ellos estuvieron por poco tiempo, después llegó la otra hermana de Martín y su esposo. Ellos me trajeron ropita para la bebé y una tina de baño. Mi excuñada empezó a cocinar, estuvimos todo el tiempo en la casa, después de cenar ellos se fueron para New Jersey. Otra vez me quedaba sola.

Al tercer día me sentí un poco mejor. Ya los niños no tenían ropa limpia, así que quería ir a lavar, pero estaba esperando a la pediatra que iba a revisar a Luz. Ella la iba a revisar a la casa. Todo salió bien, también mi herida estaba en buenas condiciones, ¡me habían hecho cesárea! La pediatra me recomendó que me cuidara. Cuando ella se fue, salí despacio para el *laundry*, iba a ser muy duro bajar desde el quinto piso y sin ascensor. Eran dos sacos de ropa, primero bajé a la bebé y los otros niños me siguieron, después subí por la ropa, ellos se quedaron abajo esperando. Sólo Fernanda me podía ayudar con la ropa, ellos se llevaban a la bebé en la carriola y yo llevaba la ropa en el carrito. La lavandería estaba como a tres bloques. De regreso a la casa subí primero a los niños, pero al ir subiendo con la ropa sentí que hice más esfuerzo. Terminando de subir me revisé, porque sentí un fuerte dolor. Los niños, que estaban junto a mí, gritaron asustados. La herida se me había abierto, traté de calmarlos y llamé al hospital. Me dieron instrucciones, me dijeron que descansara y que estuviera tranquila. Como a los cuarenta minutos llegó una doctora y una enfermera. Me limpiaron y me cosieron la herida, entonces tuve que descansar por varios días.

Me revisaban cada dos días, sólo podía darles de comer a mis hijos y bañar a mi nueva bebé. El poco dinero que tenía se acabó. Así que tuve que salir con un catálogo y ofrecer los productos que me habían ayudado a tener mi bebé. Aprovechaba el tiempo que me sobraba, después de llevar a los niños a la escuela. Sólo cuidaba a Natalia y a Luz. A veces lograba pequeñas ventas, pero no era suficiente lo que ganaba, entonces volví a reciclar botellas para salir de esa situación.

Capítulo XXII

« No todos nosotros podemos hacer grandes cosas. Pero podemos hacer pequeñas cosas con un gran
amor», Madre Teresa de Calcuta.

Era muy difícil, pero algo debía hacer, no podía
quedarme cruzada de brazos. Mis hijos sólo dependían
de mí. Mi trabajo de todos los días era reciclar después
de que los niños se iban a la escuela, también salía en la
noche después que ellos se dormían. Mis clientes me
ayudaron a recomendar los productos a más personas.

Cierto día me sentí muy mal del brazo, era un dolor
muy fuerte y cada vez me dolía más, fui al hospital. Me
dijeron que no era nada, ellos no me pudieron explicar
la causa de los dolores, sólo me dieron unos calmantes,
pero como a las dos semanas Natalia empezó a sentir lo
mismo. Yo podía soportar los dolores, pero mi niña no.
A las dos nos empezó a salir una mancha negra en el
mismo brazo que nos dolía, el malestar era insoportable
y muchas veces caímos al suelo gritando de dolor. Con-
sultamos varios doctores y varios hospitales, iba a donde
me mandaban. Una vez, desesperada, llamé a un sobrino
que vivía en Queens, le conté lo que me pasaba. «Tía,
venga para acá que aquí le podemos ayudar», dijo.

Entonces nos fuimos por la desesperación, él me
dio un espacio en su cuarto para que nos quedáramos,
sólo que ahí vivía también don Rodolfo y doña Bernarda,
los abuelos de Fernanda y Oswaldo. Ellos me preguntaron qué tenía, les dije que no sabía, que estaba

desesperada. Me mandaron para Flushing al hospital y fui sólo con Natalia, los otros niños me los cuidaron ellos.

Casi al llegar al hospital, a Natalia y a mí nos dio un dolor fortísimo, las dos nos detuvimos llorando de malestar. Escuchamos la voz de una mujer que iba pasando, al vernos llorar se detuvo para preguntar qué nos pasaba. Ella nos ayudó a llegar al hospital. Enseguida los doctores nos atendieron, nos hicieron varios estudios y esperamos un buen rato. Me hicieron muchas preguntas de las molestias que teníamos. Les dije que ya habíamos consultado a otros doctores y varios hospitales y que no sabían qué era lo que nosotras teníamos.

También ellos nos dijeron lo mismo. Sólo que veían que nuestros brazos se estaban encogiendo y no era normal. Creyeron que era una rara enfermedad y me dijeron que sería mejor que nos amputaran los brazos para evitar un mal mayor. «¡No!», les dije y salí lo más pronto de ahí. Yo no quería que mi chiquita se quedara sin un brazo, yo lo soportaría, pero ella no. Caminamos un poco y nos recargamos sobre una pared después de la salida. Yo lloraba abrazando a mi hija, llena de impotencia y desesperanza. La gente que pasaba sólo nos miraba. Una señora se acercó y me preguntó: «¿Qué tienes, mujer?», entre sollozos le conté lo que nos estaba pasando. Muy tranquila ella me dijo: «Mira, mujer, ¡ten mucha fe! En esta vida hay muchas cosas buenas y malas, a veces la maldad de los hombres le hace daño a la gente, aunque muchos no lo crean. Mira, te voy a dar una dirección de una señora que te puede ayudar, ve a verla, ¡ella es muy buena!». Yo quedé desconcertada, ella me anotó la dirección en un papel y me lo dio, cuando estaba agachada guardando el papel, ella se marchó. Ya no la vi, ¡se desapareció! La verdad, estaba demasiado confundida.

Nos regresamos a la casa de mi sobrino, cuando llegamos nos preguntaron cómo nos había ido. La respuesta de nosotros no les agradó. Hablé con doña Bernarda y le conté lo que había pasado, también le conté sobre el encuentro con aquella mujer. Comimos un poco y salí a buscar la dirección que me habían dado. Natalia y yo estábamos muy mal. Yo por mi parte iba hacer lo que fuera, pero tenía que luchar por mi hija y por mí hasta lo último. Encontramos la dirección y tocamos, era una casa, en eso salió una señora y nos hizo pasar. Le contamos lo que nos pasaba y la desesperación que estábamos pasando. Ella sólo nos revisó los brazos y me dijo:

—Regresen más tarde, estoy un poco ocupada.

—Si nos permite esperaremos el tiempo que sea.

—Siéntense y esperen.

Había más personas en el lugar, como a los veinte minutos a Natalia le volvió a dar el dolor. Al oír los gritos de mi hija, la señora salió a donde estábamos, nos dio un vaso de agua y un Tylenol a cada una, sólo para calmar un poco el dolor. Después de unas dos horas ella se desocupó, empezó a preguntarme cosas, hablamos mucho tiempo, ¡no sé ni cuanto! Ella me preguntó:

—¿Crees en Dios?

—Sí, señora.

—Tienes que tener mucha fe. Yo voy a rezar por ti, para que te mejores, ¿eres devota de algún santo en especial?

—¡Del Divino Niño! —respondí apresuradamente.

—Entonces pídele a Él, pero con mucha fe.

Ella empezó a orar, tomó a Natalia por el brazo que le dolía y poco a poco lo comenzó a mover, lo fue alzando poco a poco y de repente Naty se desmayó. Ella la dejó un ratito y la despertó, ¡fue increíble! Natalia estaba perfectamente del brazo. Después la señora me hizo lo mismo, alzó mi brazo mientras hacía algunas oraciones, poco a poco iba sintiendo cómo disminuían los dolores y mi brazo empezaba a moverse. Me dio un poquito de sueño, ella me dijo que todo estaba bien por el momento. Tenía que regresar al otro día y pagarle a ella, le pregunté cuánto era, me dijo: «Van a ser 1,500 dólares, tenemos que hacer varias sesiones». La verdad, yo no tenía todo el dinero. «Ven mañana, no te preocupes». Le tuve que pedir prestado a mi sobrino y tomé lo que tenía de la venta de los productos. La señora me contó que lo que teníamos era muy delicado y las sesiones iban a tardar como un mes. Nos quedamos ese tiempo en la casa de mi sobrino compartiendo con don Rodolfo y doña Bernarda. Para mi gran sorpresa, doña Bernarda me ayudaba a cocinar, a cuidar a los niños y hasta a peinarme.

Yo no podía hacer fuerza con el brazo para que sanara más pronto. Después de un mes, más o menos, volvimos a la casa, estábamos muy contentos y felices, la pesadilla había pasado, nuestros brazos estaban sanos. Pero, yo estaba preocupada, se me había acabado el dinero, pero tenía la fe de que íbamos a salir adelante y volver a comenzar desde cero.

Capítulo XXIII

«Ser libre no es sólo deshacerse de las cadenas propias, sino vivir de una forma que mejore y respete la libertad de los demás», **Nelson Mandela**.

Gracias a las personas que tenía como clientes tomando los productos comenzaba a ganar un poco de dinero, no era mucho pero me servía. Eso me motivó a buscar más gente, podía ayudar a más personas y avanzar económicamente de paso. Estaba muy pendiente de mis hijos, sólo que aprovechaba los ratos libres para recomendar los productos que yo vendía. Mi amiga Laura, al ver que tenía ganas de superarme, me invitó a un seminario de entrenamiento sobre los productos. Me gustó mucho aprender sobre la nutrición y como estaba muy agradecida porque mi Lucecita había nacido bien, gracias a que yo los consumía, mi mentalidad comenzó a cambiar, ya no iba a ser la misma.

Iba a los seminarios y a terapias; eso me ayudó mucho, ya que mi trabajo ahora era de atención al público todos los días. Mi amiga me decía: «Cruz, ya tienes tu propio negocio, ahora tienes que trabajar más duro». Conocía a muchas personas por mi nuevo estilo de vida. Uno de mis clientes, de nombre Carlos, tuvo muy buenos resultados con la nutrición. Él era un sobreviviente de un paro cardiaco, alcohólico, diabético y con un sobrepeso de 302 libras. Él estaba perdiendo mucho peso y su salud y aspecto físico empezó a mejorar. Yo le propuse que hiciera lo mismo que yo, que recomendara el producto a todo el mundo. Al principio él no quiso, pero lo invité a un seminario y cambió de opinión. Quería ayudar a su familia, que también eran diabéticos y algunos con sobrepeso. Así comenzamos a trabajar juntos.

Muchas de las veces tenía pocas ventas y me veía apretada con los gastos, yo recibía a las personas en la casa para darles muestras de los productos. Un día llegó un buen grupo de personas y venían de un viaje. Ellos lo habían comentado y yo me di cuenta por las maletas que traían. Unos días después de que fueron esas personas a la casa, a Natalia le picó algo en los pies, era una chinche. No hice mucho caso en ese entonces, pero después de unos días más a mis otros niños les empezaron a picar también. Los niños habían puesto sus bolsas de la escuela, algunos peluches y otros juguetes en el mismo lugar donde las personas habían puesto las maletas. Así que creí que esas personas habían traído las chinches a mi casa.

A mis niños les daba fiebre cada vez que algún animal de esos les picaba y me dolía mucho oírlos quejarse de dolor por las picaduras. Estaba preocupada y me fui a dar parte a la oficina, para que me ayudaran a fumigar. Yo creí que me iban a ayudar, pero no. Unos días más tarde, la encargada del *building* llegó muy enojada y me acusó de ser la causante de contaminar el edificio. Ella me dijo en inglés muchas cosas, yo no le entendía todo lo que me estaba diciendo, pero el súper me traducía y era que hasta el primer piso había llegado esa plaga. Yo vivía en el quinto piso. El súper decía que tenía más de un mes que habían reportado que había chinches, pero que la dueña no iba hacer nada. La encargada del edificio seguía hablando y gritando. Fernanda, que estaba conmigo, me tradujo lo que la mujer me decía. Una vecina también estaba y me decía que la mujer me acusaba a mí por meter los muebles de la calle. Ella se fue y no resolvieron nada. Yo nunca me quejaba de nada, pero mis niños se ponían muy mal cada vez que les picaba uno de esos animales, yo no sabía que el edificio ya tenía ese problema y creí que era la gente que me había visitado.

La vecina que estuvo presente en el momento en que la encargada llegó a insultarme, me dijo: «Vecina, llame a la Ciudad y ponga la queja». Yo me esperé para ver si hacían algo, como no tuve respuesta llamé para poner la queja, pero la dueña del edificio me había denunciado, difamándome de que yo tenía muebles de la calle y que era responsable de esa plaga. Llamé a mi trabajadora social y le avisé lo sucedido, mandé las facturas de los muebles y así comprobar que no tenía ni un sólo mueble de la calle. Pedí ayuda a muchos lugares y notifiqué lo que había pasado, mandé papeles por fax y hacía todo lo que me decían. Mis hijos tenían miedo, Fernanda se asustó mucho por lo que dijo esa mujer que fue a la casa.

Cierta mañana llegaron la dueña del edificio, la encargada y el súper; la dueña me gritaba que me iba a desalojar, que la Ciudad ya sabía lo que estaba pasando y que a mí no me harían caso. Me dijo que me despreciaba por haberla denunciado y que no me quería en su propiedad, que le había causado muchos problemas. Los niños iban llegando de la escuela y no pude evitar que escucharan las amenazas de esa mujer. Fernanda se deprimió mucho, y mis otros niños se asustaron también.

Fernanda se desplomó. Unos días después del incidente, la llevamos de emergencia al hospital, le encontraron un soplo en el corazón, ya había tenido el mismo problema cuando era más pequeña y su papá Rosendo nos había abandonado. Ahora sufría de lo mismo y yo no sabía qué hacer. Los doctores me dijeron que tenía que tener mucho cuidado, cualquier sobresalto podría ser fatal. Estuvo en cuidados intensivos como dos semanas, le pusieron un monitor y otros aparatos para saber cómo marchaba su corazón. Mi mente se concentró en la salud de Fernanda y descuidé el problema que tenía con el apartamento, recibí por correo una orden de desalojo, esa orden tenía tiempo en el buzón y por estar pendiente de Fernanda no lo había revisado, cuando me enteré sólo me quedaban 24 horas.

Creo que la dueña no quería esperar más, porque llegó con el súper y otra persona y empezaron a botar mis cosas. Mis niños rompieron en llanto muy asustados. La mujer sólo gritaba y decía no sé qué en inglés y no le importó que los niños llorarán.

Ella botaba la ropa que tenía en los clósets, los juguetes de mis niños; tiraba todo en unas bolsas de basura. Nos quedamos completamente sin nada. Yo llamé a Carlos, se había mudado cerca y donde vivía trabajaba vendiendo los productos a la gente desde su casa. Le pedí que me ayudara y nos dejara quedarnos en su casa. Tuve que esperar que la Ciudad me notificará el estado de mi caso. Tardó un mes la espera y por fin me dieron una autorización para buscar otro apartamento. Después de dos semanas me mudé. No tenía dinero, no había podido trabajar, sólo me llevé unas pocas cosas y al Divino Niño que siempre nos acompañaba y le pedía que nos ayudara.

En la escuela de los niños ya los maestros sabían de mi caso. Dos maestros nos ayudaron. Uno de ellos le regaló una cama a Fernanda y el otro nos dio un sofá y una vajilla. Eso era todo lo que teníamos, pasamos un momento difícil y los niños empezaron a bajar sus calificaciones.

Ya no podía esconderles los problemas y les contaba nuestra situación. Hablé con ellos, les dije: «Ustedes tienen que estar bien en la escuela. Yo me encargaré de arreglar todo, ustedes no se preocupen, ustedes tienen que estudiar. ¡Ya nos va a ir mejor!».

Ellos se pusieron a estudiar. Yo para salir adelante comencé de nuevo a reciclar botellas por la noche o muy temprano y el día lo aprovechaba y recomendaba los productos de nutrición. Carlos vivía cerca y a veces nos íbamos a trabajar buscando personas en la calle, tratando de vender los productos. Aprendí que los sueños se hacen realidad, si uno lucha por ellos. «No sé cómo, pero mi sueño de salir adelante y de darle a mis hijos una vida mejor se hará realidad», pensaba.

Como consecuencia de tantos problemas, yo descuidé mi alimentación y mi cuerpo lo empezó a sentir. Me daba un dolor fuerte en el estómago, casi no podía comer, el estómago se me inflamaba mucho. Yo no decía nada, no quería que mis hijos supieran de mi problema. Ya no los quería preocupar. Carlos se dio cuenta y le tuve que contar, también a otras personas, pero me hacía la fuerte.

Una noche me sentí muy mal y no pude dormir, los niños se asustaron y llamaron al 911 por una ambulancia. También llamaron a Carlos para avisarle. Llegó la ambulancia y me llevaron muy grave. Carlos fue a la casa lo más rápido que pudo, ahí estaba Alejandro, otro muchacho que conocimos y que nos visitaba también.

Alejandro se quedó con mis niños y Carlos me acompañó al hospital. Me pusieron suero, me hicieron unos estudios y me quedé en observación toda la noche. No encontraron nada, sólo me recetaron unas medicinas, que no compré, no porque no quisiera, sino que no tenía dinero, mis hijos necesitaban más lo poco que tenía. Apenas yo podía comprarles zapatos, ropa y pagar los gastos de la casa. Mi salud empeoró, pero no dejaba que los niños me vieran quejándome. Seguí tomando la nutrición y vendiendo los productos, pero otra vez tuve que llamar a la ambulancia, me había vuelto a sentir muy mal. No me encontraban nada y siempre era lo mismo. Hasta que un día me dio mucha fiebre y no podía caminar, me sentía muy débil, tomaba los productos y me reponía, pero ya no tenía la misma energía. En las noches no podía dormir por tanto dolor en mi estómago, seguía muy inflamada y tenía que tomar laxantes. Estaba desesperada y no sabía qué hacer.

Esperando que se me pasara, me quede varios días en casa, no podía trabajar, ya no pude más. Casi muriéndome le pedí a Fernanda y a Oswaldo que llamaran a la ambulancia. Los paramédicos me estabilizaron un poco y uno de ellos preguntó: «¿A cuál hospital la llevamos?». Les pedí que me llevaran al Montefiore. Estuve internada varios días, me dieron de alta y me pidieron que regresara a hacerme otros estudios. Después de los resultados, los doctores me dijeron que había un problema, habían encontrado un tumor en mi estómago y ellos me recomendaron hacerme una cirugía lo más pronto posible. Enseguida me puse en sus manos, pero la verdad tenía mucho miedo.

Estaba preocupada, no sabía qué sucedería, «¿Y si algo saliera mal?». Me sometí a un tratamiento y después me hicieron una colostomía. Los doctores me habían dicho que si el tumor era muy grande me harían una biopsia. Gracias a Dios me sacaron el tumor sin ningún problema. Estaba en recuperación y los doctores estaban sorprendidos. Mi tumor tendría por lo menos unos ocho años, pero que no había crecido mucho a comparación de otros casos. Para el tiempo que tenía debía ser del tamaño de una naranja, pero el mío era como un limón. Me preguntaban qué había hecho, cualquiera en mi caso ya hubiera muerto, pero como aún estaba con los efectos de la anestesia, no podía hablar mucho, ni entender.

Llamaron a Carlos que estaba pendiente y me había acompañado, él les explicó la manera en que comíamos y tomábamos los productos de nutrición. Les sorprendió lo poco que Carlos les habló, y me dijeron que si eso me había ayudado que lo siguiera haciendo y así lo hice. Lo increíble fue que me repuse muy rápido, sólo tenía que tener un poco de reposo y cuidar mi alimentación. Nuevamente me volvía a levantar esperando que la vida me alumbrara con su resplandor.

Capítulo XXIV

«No hay barrera, cerradura ni cerrojo que puedas imponer a la libertad de mi mente», **Virginia Woolf**.

Carlos siguió trabajando al igual que yo. Él rentaba un cuarto a dos personas y trabajaba dando muestras de los productos. Después de un tiempo, un domingo que él se fue a entrenar y yo estaba en mi casa, nos fue a visitar. Carlos llegó a la casa, estuvo un rato con nosotros y después lo acompañamos a la casa de él. Fuimos a traer unos productos y encontramos abierta la puerta, todos subimos corriendo al segundo piso, encontramos tiradas unas cosas y el equipo de sonido ya no estaba, tampoco unas cajas de productos que habían llegado dos días antes. Carlos entró al cuarto y estaba forzada la cerradura, ingresó y buscó en el cajón de la ropa el dinero que guardaba, pero no lo encontró. Se robaron también unos DVDs, unos discos, joyas, documentos personales, el dinero de la renta y el dinero de los productos. Yo llamé a la policía, llegaron como a veinte minutos.

Los hicimos pasar, yo tuve que explicarles lo sucedido. Carlos estaba enojado y furioso. «Vamos a investigar», nos dieron un reporte y los policías se fueron como a las once de la noche. Le dijimos a Carlos que se quedara en la casa. Al otro día le avisamos al dueño de la casa, pero él no pudo hacer nada. Al contrario, el contrato del apartamento no lo quiso renovar, se había vencido un mes antes. También tuvimos que hablar con las personas que nos visitaban todos los días, pues algunas habían ordenado productos y se los habían robado también. Les pedimos un poco de tiempo, para reponer lo perdido pedimos prestado dinero.

Carlos estaba desanimado y decidió trabajar en una frutería y así poder pagar más pronto todo lo que nos robaron. Yo quería seguir trabajando en la casa, pero no tenía un lugar. Carlos se mudó a otro lado, pero nos venía a ver.

El dueño de la casa donde yo vivía vino por la renta, le pregunté que si yo podía trabajar en la casa, le expliqué que yo recibía gente para recomendar los productos por la mañana y por la tarde, él me dio permiso. Entonces fui invitando a varias personas. Como era un grupo grande no podía sola. Invité a Carlos para que me ayudara, al principio no quería, pero después se animó. Al dueño de la casa le gustaba lo que hacíamos, entonces nos dijo que si queríamos podíamos trabajar en el *basement*. Este estaba descuidado y sucio. «Arreglen el *basement*. ¡Trabajen ahí!». Yo acepté enseguida por mis hijos. Carlos y yo aprovechamos nuestros ratos libres y limpiábamos poco a poco el *basement*.

Carlos decidió mudarse al *basement* y poder trabajar desde ahí. Formamos un equipo los dos, nos turnamos para poder atender a la gente que llegaba y salíamos a ver a nuestros clientes, cada quien por su lado, esperando que pronto nuestra situación cambiara y mis sueños se hicieran realidad.

Capítulo XXV

«Amurallar el propio sufrimiento es arriesgarte a que te devore desde el interior», **Frida Kahlo.**

Mi trabajo descendió un poco y la ayuda que me daba la Ciudad muchas veces me la quitaban, cerraban mi caso de asistencia a cada rato y no sabía por qué. Natalia empezó a enfermarse y se ponía muy mal, tenía que hacer malabares con los gastos de la casa. El Departamento de Asistencia Pública cerró mi caso y no recibía ninguna ayuda. Tuve que ir a las iglesias a pedir comida, yo estaba dispuesta hacer lo que fuese. Mis hijos no se iban a quedar sin comer. Traté de reabrir mi caso, pero tenía que esperar.

Me dolía ver que mi Lucecita y Natalia fueran a la nevera a buscar algo de comer y no tuvieran nada. La nevera parecía el Polo Norte. Todos sufrimos, pero más Natalia. Una mañana amaneció como cansada y no quería ir a la escuela. Ella no era de las niñas que se quedaban en la casa, la vi un poco mal y le pedí que se quedara, pero durante el día se empezó a empeorar. No podía respirar y no podía moverse con facilidad.

La llevé de emergencia al hospital, había mucha gente, estábamos esperando y ella se puso más grave. Pedí ayuda y una de las enfermeras la revisó, enseguida llamó a los doctores y la ingresaron de inmediato. Uno de los paramédicos me dijo: «Señora, a su niña le dio un ataque de asma». Le pusieron suero y oxígeno, hasta ese día me di cuenta que sufría de asma.

Más tarde, ya en una habitación del hospital conectada al suero y oxígeno la acompañaba, sólo veía cómo entraban y salían los doctores. Se me partía el corazón al ver a mi hija así. Mis otros niños también estaban preocupados, mi angustia tardó poco más de una semana, la dieron de alta, pero tenía que ir a revisiones. Cuando volvimos, ellos estaban felices, sobre todo la más chiquita. ¡Lucecita quería mucho a Natalia!

Otra vez volví al hospital, pero esta vez por Luz. Había pasado como un mes desde que Natalia estaba ahí. Como el frío empezaba, Luz se puso grave por el cambio de clima. Tenía el mismo problema que Natalia, ese día no la mandé a la escuela. Creí que iba a regresar pronto, pero los doctores la hicieron permanecer. Se tenía que quedar internada, me preocupé mucho porque Lucecita era prematura. Tardamos tres días en el hospital y volvimos a la casa. Todos estábamos como desesperados y los niños estaban bajando sus notas en la escuela, yo no me sentía bien aunque me hacía la fuerte.

Hablé con los niños de todo lo que tuvimos que pasar juntos. Recordábamos las desgracias que nos ha tocado pasar. Entonces yo les dije que iba a buscar ayuda y los niños, que siempre les contaba todo, me dijeron: «¡Mami, vaya al Puertorrican Program». Estábamos pasando un momento muy malo, la verdad yo estaba grave. Cada vez que estaba pasando una situación difícil, maldecía a los hombres, empezaba a decir muchas veces: «¡Ojala y no los hubiera conocido!». Traté de contactar el centro de ayuda, pero no los encontré, después de un tiempo volví a llamar y tuve suerte, esta vez sí me contestaron.

Les dije a los niños lo que pensaba hacer, Fernanda y Oswaldo ya eran adolescentes y no podía a veces con ellos. Sola, los hice crecer y no me arrepiento, pero sería diferente si el padre estuviera con ellos. Es por eso que busqué ayuda para que los orientaran. Yo he sido padre y madre para ellos, pero también tenía a las otras niñas y a veces no podía. Ellos a veces peleaban y no me escuchaban. Sinceramente, nunca los he maltratado, pero me desesperaba, me sentía impotente y lloraba la mayoría de las veces. Muchas veces luché con la idea del suicidio.

Cuidaba mucho a las niñas por el problema del asma, el clima era muy lluvioso y yo tenía que ir a dejarlas para que no se me enfermaran, pero por más que las cuidé Lucecita se me enfermó, le di los medicamentos, le puse la pompa, la llevé de emergencia al hospital, pero había muchas personas y tuve que esperar.

Yo sentí cómo Lucecita se iba desmayando, parecía un pez fuera del agua, me asusté mucho y pedí ayuda, rápido un paramédico le puso oxígeno. Fueron los cuarenta minutos más largos y angustiantes de mi vida. Cuando ya reaccionó, volví a vivir. Tardamos cuatro días en el hospital. Aunque salió bien, aún me preocupa, ya que esta enfermedad pudiera arrebatarme a mi niña.

A pesar de que Martín vive en New York y es el padre de mis dos niñas pequeñas no se apareció más que en la primera vez y fue sólo como como veinte minutos. Pero, no importa, yo por mis hijos y por mí saldré adelante, a pesar de que la vida me trate de esta manera, yo la tengo que vivir y disfrutar cada instante al máximo.

Capítulo XXVI

«Cualquier largo viaje empieza con un pequeño paso», **Lao Tse.**

Había sentido molestias en mis ojos, pero no había dicho nada. Me molestaba la luz y mis hijos empezaron a preguntar. Les decía que no era nada para no preocuparlos, pero ellos insistían para que fuera al médico. Yo decía que sí, pero no había ido. Un día que llevé a Natalia al dentista, sentí mareos y que la luz me molestaba en demasía. Natalia se dio cuenta y me preguntó qué me pasaba.

—Nada, hija, todo está bien.

—Mami, haga una cita, que le vea algún doctor.

—¡Está bien!

Me lo pidió de una manera que no pude negarme. Se puso contenta. Así lo hice y Natalia contaba los días para la cita, ya que coincidieron la de ella y la mía. La cita llegó al fin. Saber qué tenía me preocupaba. Llegó el momento y llegamos al hospital, nos registramos, todo estaba muy bien hasta ese momento, después nos llamaron a las dos, eran diferentes doctores.

Una doctora se llevó a Natalia. Yo estaba con otra, esperando que me dijera lo que tenía. No me di cuenta que al entrar dejé la puerta entreabierta. La doctora me explicaba paso a paso mi malestar, yo le apresuraba para que me dijera de una buena vez qué tenía yo. Ella hablaba de un modo que no le entendía, me dijo:

—¡Usted tiene una enfermedad muy avanzada en los ojos! Lamentablemente no se sabe de una cura. Señora, la enfermedad está avanzada y podría perder la vista.

—¿Cómo me dice eso, doctora?

—Lamentablemente es así. Usted va a quedar ciega. Está perdiendo la visión. Por eso los mareos, desenfoque y malestares.

En eso se abrió la puerta y entró Natalia gritando: «¡Ciega! ¿mi mama va a quedar ciega?»

La doctora y yo nos quedamos un momento sin decir nada. Después ella le explicó un poco. Mi mundo sentí que se acababa. Quería morirme. Vi cómo Natalia me miraba y lloraba. No aceptaba lo que había escuchado.

Yo salí llorando y le pedí a Natalia que no dijera nada, pero era tanto su dolor que no pudo contenerse. Como los demás la vieron llorar, le preguntaron qué tenía. Yo estaba aturdida y me preguntaba: ¿por qué a mí?

Fernanda y Oswaldo me preguntaron directamente «¿Es verdad?», con un nudo en la garganta les dije que era cierto. Natalia y yo les contamos todo lo que nos dijo la doctora. Ellos lloraban, pero me daban aliento. Todos nos abrazamos, ¡qué gran familia tenía yo! Cuando ellos se fueron a dormir yo me quedé despierta toda la noche encontrando alguna razón o explicación de las cosas que me sucedían y pensando qué iba a pasarme. Eran varias preguntas que pasaban por mi cabeza. Entonces me di cuenta que todo no era trabajo, que yo tenía que pasar más tiempo de calidad con mis hijos.

Fue como las nueve de la mañana que Fernanda despertó. Era un fin de semana y le dije:

—Acompáñame a Manhattan. Tú y yo no hemos salido nunca solas, ¿qué dices si hoy salimos las dos?

—¡Sí, vamos!

Fernanda se puso contenta. Ella se arregló y nos fuimos. En el camino íbamos conversando. Lo que yo quería era olvidarme de todo lo que me estaba pasando. Yo quería despertar porque para mí era una pesadilla de la que no podía escapar. Yo no podía aceptar lo que me habían diagnosticado. Mis otros niños se quedaron en la casa y le encargué a Carlos que me hiciera el favor de cuidarlos. Él vivía en el *basement* y trabajaba ahí. Él no preguntó nada, ni yo le dije nada de lo que me pasaba, yo sólo quería estar lejos. No quería que mis hijos me vieran triste y sufrir y cómo poco a poco me iba haciendo pedazos.

Aún me cuesta aceptarlo. Consulté con otros doctores pidiendo una segunda opinión y lo mismo me decían, lo único que me quedaba era pedirle a Dios que Él tiene el poder y Él decide todas las cosas.

Vi a mis hijos que estaban tristes, entonces decidí llevarlos a un centro de consejería para que a ellos no les afectara lo que me pasaría más adelante. Volví al Puertorican Program. En ese centro encontré dos personas que para mí son como unos ángeles que me han tenido mucha paciencia para escucharme, y lo mejor de todo, que siempre están guiándome para que siga adelante. ¡Así son mis dos angelitos y cómo les agradezco! Entonces como no puedo trabajar bastante tiempo, voy a veces a recoger comida en las iglesias y trato de convivir con más personas y sigo trabajando una parte de tiempo con los productos naturales. Paso más tiempo con mis hijos, los disfruto y estoy aprendiendo a vivir cada día, cada momento, cada instante y para mí cada día que amanece es una bendición de Dios, porque vi la claridad del día y esta es la grandeza que Dios nos ha dado.

Capítulo XXVII

«La vida es como montar en bicicleta. Para mantener el equilibrio, hay que seguir pedaleando» **Albert Einstein.**

En la asesoría me informaron que podía solicitar una visa. La razón por la que tomaron mi caso, fue porque yo había sido víctima de violencia doméstica, y eso me podría ayudar con una visa especial. Estaba muy emocionada por mis hijos y por mí. Mis sueños crecieron de forma inimaginable. Pasaron unas semanas y los abogados se pusieron en contacto conmigo para pedir algunas pruebas y documentos que ellos necesitaban para mi caso.

Todo salió muy bien, demasiado bien diría yo. Ya que yo recibí una carta para ir a poner mis huellas para mi visa, también en mi caso reclamé a mi hijo José, que estaba en mi país natal, Ecuador. Con la aprobación de la visa él podría venir con nosotros y ese era mi más grande sueño, tener a todos mis hijos juntos. ¡Pude obtener un permiso de trabajo y mi visa!

La relación con mis hijos siempre ha sido excelente, excepto con José y lo entiendo. Pasaron muchos años sin vernos. Incluso me ha reclamado por el abandono, porque ha crecido solo con mi mamá. A pesar de la distancia siempre me he preocupado por él, pero mi madre se ha encargado de decirle lo contrario.

Con esfuerzo pude cubrir los gastos del viaje de mi hijo, para que él viniera desde Ecuador. En poco tiempo él y nosotros nos reencontramos, después de muchos años, fue una alegría y una emoción tan grande. Uno de mis sueños se había realizado, estaba toda la familia reunida.

Mis hijos están creciendo y pienso en cómo serían las cosas si estuvieran los padres de ellos. Sé que les hace falta la falta guía paterna. Lloro y me río, porque de una u otra forma, les he dado lo mejor de mí. A mí me toca guiarlos y aconsejarlos para que sean unas personas de bien, lo hago a pesar de estar casi ciega.

Califiqué para los beneficios médicos y volví a tomar los tratamientos con el doctor Lee. Él mismo me ayudó para hacer los trámites. Mi cirugía fue el mes de mayo, el mes de las madres. Me hicieron unos implantes en la córnea, unos anillos que ayudan a que se reconstruya y no se derrita, de manera que vuelva a su forma y tamaño natural. Todo salió bien gracias a Dios, lo único era que tenía que usar gafas oscuras y no exponerme mucho al sol. Debía ir a revisiones y tener mucha paciencia. Eso tardaría unos años y dependía de mí el cuidado y mejoramiento de mi vista.

Mis hijos siguen estudiando y tienen buenas calificaciones, mi hijo José está trabajando y aprendiendo inglés. Sinceramente estamos muy contentos, entre todos buscamos salir adelante como familia. Otra vez estamos con terapias de familia, ya que para todos han sido muchas conmociones, muchos cambios emocionales.

Capítulo XXVIII

«El hombre que ha cometido un error y no lo corrige comete otro error mayor», **Confucio.**

Es muy probable que tú no seas víctima de violencia y estés ajena de este tema, pero si tienes niños y van a la escuela, sabrás que hay un alto nivel de bullying entre los niños y adolescentes, que muchas veces lamentablemente terminan en suicidios. La razón es esta: muchas familias pelean o discuten delante de los niños, beben, fuman o se drogan.

Aunque tú no estés en estas situaciones, los niños en la escuela conviven con todo esto. Si un niño es maltratado, buscará en la escuela alguien con quien descargar ese dolor. Los responsables somos nosotros mismos. La rutina, el trabajo y las actividades diarias nos absorben y no dedicamos tiempo a nuestros niños, nuestros jóvenes y a nuestra pareja. Es muy importante mantener una buena comunicación con nuestros familiares.

Yo no soy profesional ni experta en nada, pero me ha tocado aprender. Ser madre soltera no lo escogí, pero me tocó y no es culpa de nadie. Fueron mis decisiones por confiar en alguien más. Los hijos no deciden nacer, pero están aquí y son una bendición. ¡Una bendición que nos toca cuidar!

Esto que escribí es como una autoterapia. El apoyo del centro Puertorican Program y gracias al soporte enorme de una persona, a quien la consideró como un ángel, han sido baluartes para mí.

Quiero contarles que no fue fácil y que me duele todavía el alma al tener que remover todos mis recuerdos, pero quiero ayudar a muchas personas. Tal vez lo que a mí me pasó no sea igual a lo que están pasando algunas mujeres, pero siempre hay una salida. Busquen ayuda, que sí se puede salir adelante, pero depende de nosotras.

No sé qué vaya a pasar conmigo y no me preocupa. Ahora vivo cada día como si fuera el último día de mi vida. Soy un ser humano igual que tú, que terminas de leer este libro. A veces no podemos solos con lo que nos pasa. Tal vez sea momento de pedir ayuda. Mis hijos y yo agradecemos a Dios lo que nos ha tocado vivir. Y hemos aceptado las circunstancias, pero no dejamos de luchar. Muchas veces ser fuerte no significa enfrentar todo sola o solo. Ser fuerte es también pedir ayuda.

Tal vez muchos consideren que fui masoquista por mis reiterados errores, hasta yo lo pensé, pero no. Cuando se está en esa situación uno entra en un estado de conciencia 0 donde las decisiones son regidas por el miedo y la inercia.

De cualquier forma sé que compartiendo mi historia tal vez pueda ayudar a alguien a no cometer los errores que yo cometí o a motivarse a salir del abuso en cualquiera de sus manifestaciones. Lo que he aprendido es que, sí quieres ¡puedes!, porque no importa dónde estás, si no a dónde quieres ir. No importa si eres humilde o una persona acomodada, no existe la pobreza más que en nuestra mente.

Las circunstancias y mis actos son el resultado de lo que estoy viviendo, pero he decidido cambiar y por eso quise escribir este libro, para que mis hijos tengan una idea de lo dura que es la vida y no hagan con su vida lo que hice yo.

Cruz Patiño

Cruz Patiño nació en Sinincay, Cuenca, Ecuador. Era la más pequeña de ocho hermanos. Sufrió abuso sexual a la edad de diez años. Se convirtió en madre soltera siendo apenas una adolescente. Emigró a los Estados Unidos de América en 1993. Su vida no fue fácil, ya que fue víctima constante de violencia doméstica. Tras buscar ayuda, superó sus miedos y traumas. Armada de valor, decidió contar su historia para ayudar a otras mujeres a salir de este flagelo social.

Ha participado en diferentes eventos con temas sobre la violencia doméstica.

Es miembro de ILOVEMEMORE.ORG, organización sin fines de lucro que lucha en contra de la violencia doméstica.

Ha dado charlas y participado en diferentes eventos con otras organizaciones. También participa cada año en la marcha de las novias, que se realiza en memoria de Gladys Ricaurte.

Es voluntaria con la organización LACUHE (The Latin American Cultural Heritage Inc).

Es miembro del taller Yosdan Arte y Pintura.

Su mayor logro es haber sacado adelante a sus cinco hijos siendo madre soltera.

Tabla de contenido

www.lacuhe.com

lacuheediciones@gmail.com

Made in the USA
Middletown, DE
04 March 2022

62062941R00076